黒部源流 山小屋料理人

やまとけいこ

Kurobe Genryu
Yamagoya
Ryori-nin

山と溪谷社

CONTENTS

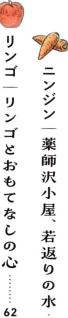

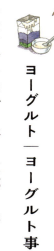

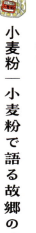

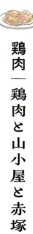

黒部源流概念図

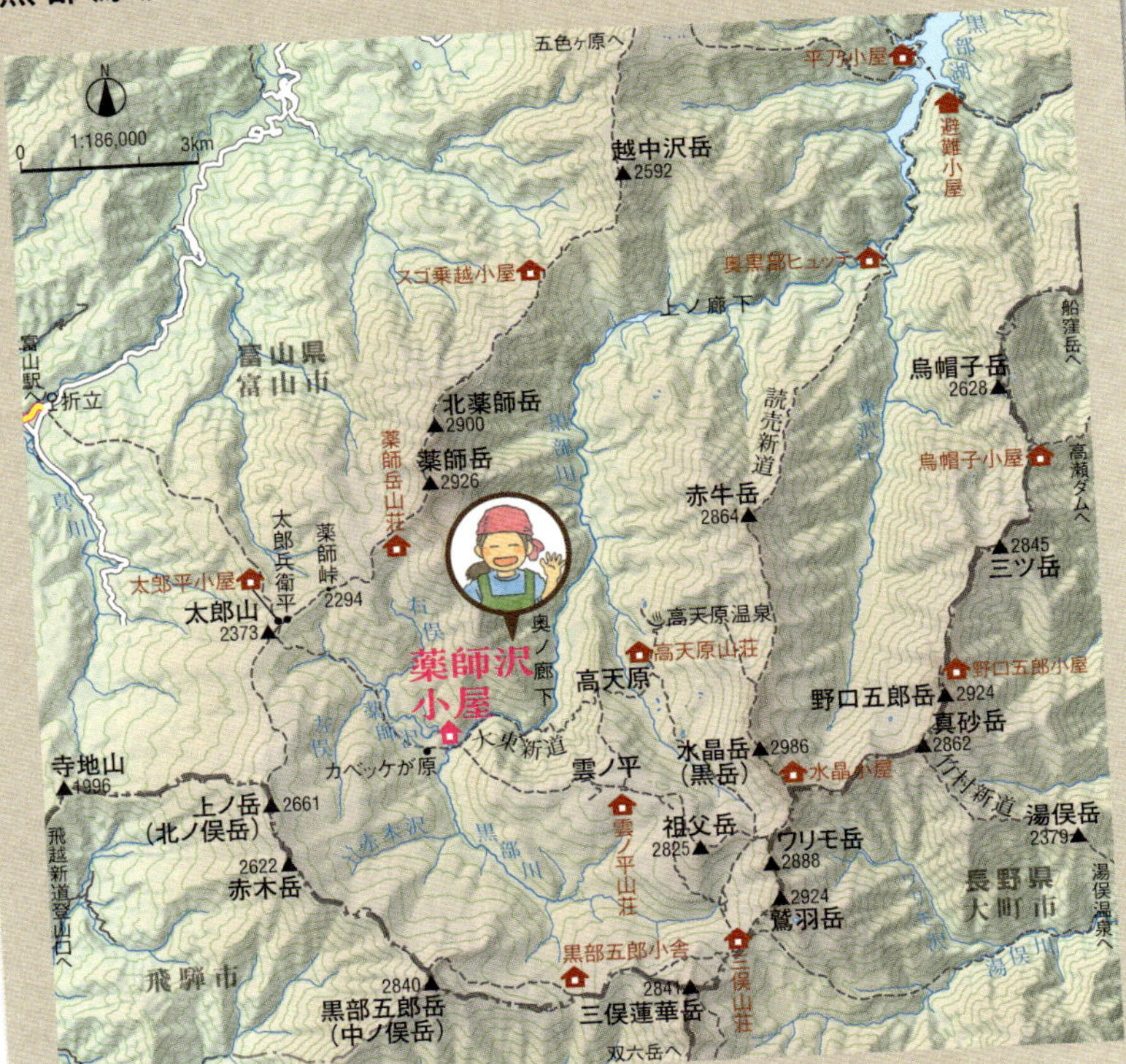
N
0 1:186,000 3km
五色ヶ原へ
平乃小屋
黒部湖
避難小屋
越中沢岳
2592
スゴ乗越小屋
奥黒部ヒュッテ
上ノ廊下
船窪岳へ
富山県
富山市
富山駅へ
折立
北薬師岳
2900
薬師岳
2926
薬師岳山荘
烏帽子岳
2628
読売新道
東沢谷
烏帽子小屋
高瀬ダムへ
赤牛岳
2864
真川
太郎兵衛平
薬師峠
2294
太郎平小屋
太郎山
2373
2845
三ツ岳
右俣
奥ノ廊下
高天原温泉
高天原山荘
野口五郎小屋
薬師沢小屋
高天原
野口五郎岳
2924
真砂岳
2862
左俣
薬師沢
カベッケが原
大東新道
水晶岳
2986
（黒岳）
水晶小屋
竹村新道
寺地山
1996
雲ノ平
上ノ岳
2661
（北ノ俣岳）
赤木沢
黒部川
雲ノ平山荘
祖父岳
2825
ワリモ岳
2888
湯俣岳
2379
飛越新道登山口へ
2622
赤木岳
2924
鷲羽岳
長野県
大町市
湯俣温泉へ
黒部五郎小舎
三俣山荘
湯俣川
飛騨市
2840
黒部五郎岳
（中ノ俣岳）
2841
三俣蓮華岳
双六岳へ

はじめに

Introduction

薬師沢小屋
厨房事情

北アルプス黒部《くろべ》源流、薬師沢《やくしざわ》小屋。山と沢の好きな私がこの小屋で働き始めてから、はや16シーズンが経つ。ここ薬師沢小屋は、通称黒四《くろよん》で有名な黒部ダムのさらに上流、黒部川の源流と、立山《たてやま》の南方、薬師岳から流れ落ちる薬師沢の、ちょうど合流地点に立っている。標高１９２０ｍ。周囲をダケカンバやオオシラビソなど亜高山帯の木々に囲まれ、谷底に張り付くようにたたずむ、赤い屋根の小さな山小屋だ。ほかの稜線の小屋とは違って、蛇口から天然ミネラルウォーターが流れ出る、水が豊かな谷の小屋というところが特徴的だ。

小屋前の吊り橋から源流のエメラルドグリーンの流れを覗き込めば、何匹ものイワナが悠々と泳いでいる姿を眺めることができる。時折「イワナの塩焼きはありませんか?」と尋ねる登山客もおられるが、残念。うちの小屋では提供していない。釣り人の多い小屋ではあるが、基本的にキャッチアンドリリースをお願いしている。食事は私が、イワナの塩焼きに負けないくらいおいしいものを作るので、とりあえずはそれでご勘弁を。

私は山小屋料理人

そう、山小屋での私の主な仕事は調理で、薬師沢小屋の厨房長を務める。とはいえ従業員は多いときで5人、普段は3人、うち1人は受付に回らなければならないから、厨房長というほどでもないのだが。従業員は包丁の持ち方すらままならない、山は好きだけれど調理にはなじみがない人も多いから、なかなかに目が離せない。

かくいう私もかつてはその一員だった。ネギを切ればズラリとつながり、イモを茹でればゴリゴリのままだった。だから厨房長になってからも、従業員がとんでもない失敗をしても、ちっとも怒る気にはなれない。とにかく厨房のモットーはケガをしないこと。野菜は切っても指切るな、である。

厨房の基本的な仕事は、日々やってくる登山客への食事提供、従業員の賄い作りといったところだが、ご存じのとおり山小屋は下界とは違う特殊な環境下にある。その最たるものが食料調達の方法だ。

食料は下界から空輸でやってくる。ヘリコプターによる物資輸送だ。薬師沢小屋では米や野菜だけでなく、肉や加工食品などの冷凍食品も利用している。食事に力を入れているが、最近、手の込んだ食事を提供することに難しさを感じるようになってきた。なぜか。

ヘリによる荷上げ代の高騰と、コロナ対策による従業員の人員削減である。ヘリ輸送の回数を増やすと、私たちが山小屋で必死に働いて得た儲けがヘリと一緒に飛んでいってしまう。かといって一度に大量の食品が来ると、冷凍庫や食料庫に収まりきらない。厨房作業にしても、今までどおりでは従業員が疲弊してしまう。山の食事の原点に返り、燃料の節約、冷凍食品に頼りきらない保存しやすい食材の活用など、メニューの簡略化が必要だ。

食材管理が厨房の生命線

食料調達に次ぐ仕事は、食材の保存である。まずは野菜・果物など生鮮食品の保存に尽きる。毎年毎年、もっとよい方法はないかと工夫してはいるが、日々痛感するのは「すべての生きとし生けるものはやがて土に返る」という自明の理である。若づくりに躍起になる年頃の私であるが、山小屋の野菜たちを見るにつけ、総じて虚しい努力であることよ、と年寄りじみた思いにふけってしまう。いや、しかしあきらめてはいけない。

食材は傷んでいくばかりではない。動物にやられることもある。薬師沢小屋に現われるのは主にヤマネやネズミといった小動物。彼らは小屋の至るところから侵入してくる。

食材を守るためには、保存用の段ボール箱に彼らが入り込める隙間を作らないのが鉄則だ。開いている段ボール箱には上に物をのせるか、もしくはひっくり返して底が上面になるように棚に置く。そうとは知らない人が段ボール箱を持ち上げると、中身のすべてが床にぶちまけられるが、まあこれでたいていの小動物は防げる。

最後に頭を悩ませるところは、食材の調整である。以前はシーズン中に3回依頼したヘリ輸送だが、現在は2回に減らしてやりくりしている。

1回目のヘリ輸送では多少多めに食材を上げておけばいい。それでも天候やヘリ会社の都合で、1週間、10日とヘリが遅れると、さすがに食材が不足してくる。最終手段は歩荷になるが、基本はあるもので工夫してなんとかする。お客さんの食材確保のため、従業員には肉禁止令が発動され、缶詰や乾物で日々の食事を賄う。越冬可能な米だけはとにかくたくさんあるのだ。ありがたいことである。贅沢を言い始めたらきりがない。

問題は2回目のヘリ荷だ。今度は小屋閉めに食材が余ると困るし、足りなくなっても困る。予約数とにらめっこをしながら注文書を作成する。天候や人数の予測を立ててはみるものの、結局は安全寄りにならざるを得ず、秋になると基本、食材がだぶつく。

野菜類が余るのはまだいい。上手に客食メニューに組み込めばいい。余ると困るのは冷凍食品だ。厚焼き卵、塩鮭、肉類と、客食に大量には盛り込めないものが多い。ならば従業員の胃袋に収めるか。いや、健康を害するような食事は、かえって高くつく。結局はあきらめて歩荷で下ろすことになる。

今日の幸せ、明日への活力

できるだけ温かい食事を提供したい。夕食開始10分前の厨房はドタバタだ。時間どおりにお客さんを食堂に案内し、おいしいねと笑顔になるのを、そっと厨房の奥から眺めるときが厨房長の幸せタイムだ。

おいしいご飯はきっと明日への活力になることだろう。たくさん食べて、ゆっくり休んで、明日も山歩きを楽しんでもらえたら。お客さんの「ごちそうさま」の声が私の明日への活力になる。

食材が空から届き、一つの料理となり、お客さんに笑顔をもたらし、胃袋に収まる。これは一つ一つの食材の物語であり、薬師沢小屋従業員一同の物語でもある。

ではどうぞ、ごゆるりとお召し上がりください。

《薬師沢小屋　厨房見取り図》
勝手口
外には野菜を置く棚がある
水が流れ続けているので
ものが冷やせる
食器棚
けっこう狭いです
洗い場
ガス釜
生ごみ入れ
2回戦目以降の盛り付け
済みプレートを並べる棚
ヨーグルト工場
冷凍庫3台。発電機の
動いている間だけ稼動
↓食堂へ
缶詰類
米の貯蔵缶
5俵(300Kg)入る
覗き窓
覗いたり、覗かれたり
乾物類

米

Yamagoya
Ryori-nin
01

ライスシャワーの贈り物

5月末。登山道上にまだ残るザクザクとした重たい雪を踏みしめ、私たちは標高2300mの太郎平《たろうだいら》小屋の小屋開けに入る。薬師沢小屋、高天原《たかまがはら》山荘、スゴ乗越《のっこし》小屋と計4軒の山小屋を運営する太郎平小屋グループでは、まず登山口からいちばん近い太郎平小屋を開け、その後、分散してさらに奥へ入り、小屋開け作業を進める。

小屋の雪囲いを外し、雨戸を開くと、雪と闇に閉ざされた小屋の中に、7カ月ぶりの陽光が差し込む。人間がいなくなった長い冬を小屋の中で快適に過ごしていた山の小動物たちは、おや、もうそんな季節かと慌てふためいているに違いない。

小屋開け作業は水、電気、プロパンガスといったライフラインの確保から、掃除や部屋作りなど、息をつく間もない。それでもベテラン従業員たちの手にかかれば、3

日もあれば小屋内はあらかた整うだろうか。あとは天気を見て布団干し、水場の掘り起こしや登山道整備など、時間のかかる作業が控えている。

布団の中からおめでとう

本日快晴。冬の間、1カ所にまとめて大きなブルーシートに包んでおいた布団が、布団部屋からポンポンと屋根に放り上げられる。ずっしりと湿気を含んだ布団を抱え、屋根の上をヨタヨタ運んでいると、すぐに体が汗ばんでくる。残雪の上を吹き上がってくる風が、肌にヒヤリと心地よい。

太郎平小屋の大屋根小屋根に、色とりどりの布団の花が咲き始めたころ、突然、布団の中からバラバラバラッと小さな白い粒がこぼれ落ちた。あれ、お米？　それからはあっちの布団からもこっちの布団からも、ひっくり返すたびにお米が飛び出してくる。「ライスシャワーだぁ！」。今年、籍を入れたばかりの従業員カップルが笑いだした。これはネズミにやられたな、なんて思っていた私も、つられて思わず笑いだす。「結婚おめでとう！」。屋根の上をバラバラと散らばるライスシャワーと共に、みんなの幸せな笑い声が遠く黒部源流まで転がっていった。

米を貯蔵していた大きなブリキ缶には、小動物が出入りした跡が残っていた。段ボールでふさいでおいた通気口を食い破り、冬の間せっせと米を布団部屋まで運び込んだらしい。口いっぱいに米を頬張って、いったい何往復したのだろう。

米は少しやられてしまったけれど、ライスシャワーとみんなの笑顔をありがとう。

開けてびっくりお粥ちゃん

薬師沢小屋のご飯はおいしいと、よくお客さんに褒められる。それは富山県産コシヒカリと黒部源流の水のおかげかなと思う。引いている沢水は、雲《くも》ノ平《だいら》からの400m以上の標高差で、何年もかけて濾過された天然水だ。

素材がよければあとは炊き方いかんにかかる。山の上は下界よりも気圧が低いせいで沸点が低く、米の芯までしっかり火が通るよう、圧力釜を使う。電気釜ではなくガス釜だ。薬師沢小屋では炊く米の量に応じて、1升釜、2・5升釜、5升釜の3種類を使い分けている。釜によって炊き方が違うので、初めは勝手がわからず苦労する。

米を炊くには強火で圧をかけ、頃合いを見て弱火に落とし、ご飯の炊ける甘い香りがしたら火を止める。圧を抜いたり抜かなかったりは、釜に応じて。

飯炊きは易しいようで難しい。釜に対する米の量、水温によって炊く時間も変わってくる。大切なのは「ご飯の炊ける甘い香り」と教えてはいるのだが、何度も嗅いでいるうちにわからなくなってしまうらしい。

とはいえ、決定的な人為的ミスさえなければ、おおむねご飯はおいしく炊き上がる。だが所詮、人間

〈ガス釜のしくみ〉
※ご飯が炊き上がると、勝手にスイッチが上がる
バーン!!!
厨房には昔、圧力釜のふたが飛んでぶつかった跡がある
いったい何が起きたのか？
圧抜き弁
圧力調整オモリ
※圧がかかる
ふたのロックレバー
ガス栓
点火確認窓
プロパンガス
点火スイッチ
よしっ
火がちゃんとついているか確認!!

〈焼き米をはじくの図〉
いつまでやるんすか？
う〜ん
終わる日まで？

のなす業。米に対する水量の間違いは、必ずと言っていいほど起きる。

その日は大入り満員だった。夕食もシーズン初めての2回戦。当日、受付に座っていた私が、食数を伝えに厨房に入った瞬間、5升釜のふたがパカッと開いた。ちらと視界の端に入った釜の中の状態に、思わず私は立ちすくんだ。ああ、ご飯がジャブジャブしている……。夕食開始10分前、厨房の空気は凍りついた。

その日の1回戦は粥飯に。炊いたお粥は2・8升。その後しばらくの間、お粥を炊いた彼女は、ことあるごとに「お粥ちゃん」と呼ばれ、からかわれていた。

お米には7人の神様が宿る

夕食準備のただ中。飯炊き担当の男性従業員が首をかしげながら受付にやってきた。なんでも5升釜の調子がよくないとのこと。「ちょっと待って、今行くから」。受付中のお客さんをさばき、厨房に駆けつけてみると、なるほど、5升釜のスイッチが入れてもすぐに上がってしまう。「炊き始めてからまだ全然時間が経っていないんですけど」

これはスイッチを留めるバネがいかれてしまったかな？　とりあえず無理やりスイッチをテープで押さえ、いつも炊いているくらいの時間が経ったらテープを外すよう指示し、受付に戻った。しばらくすると再び彼がやってきて「やまとさん、原因がわかりました」と言う。そりゃよかった。「水を入れるのを忘れていました」。そりゃやだめだ。

慌てて厨房に戻り釜を覗くと、ほほう、大量の焼き米ができている。まずは火事にならずによかった。これはもう炊き直すしかないなあ。焼き米を大きなボウルに移し、釜を洗って再度米を仕込む。「水じゃなくてぬるま湯にして。給水は15分でいいや。夕食の時間は30分遅らせるから」

2階の客室を回って、事のあらましと食事時間の遅延を詫びる。おなかを空かせたお客さんたちから苦笑は出るものの、誰一人、文句を言うことはなかった。本当にありがとうございます。

さて、ボウルに移した3升近い焼き米はというと、

その後、暇を見つけては白い米だけより分けて、従業員用に回すことにした。炊いて食べたらまずかったけれど、なにせお米には7人の神様が宿るという。一粒たりとも無駄にはできない。

キャベツ

Yamagoya Ryori-nin 02

山小屋厨房 登竜門

バラバラバラバラッ。小屋前のクマザサが強烈なダウンウォッシュになぎ倒され、川面から水しぶきが舞い上がる。閉じて押さえていた玄関のガラス戸がビリビリと鳴り、今にも破れんばかりだ。

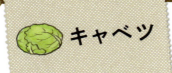

荷物を入れたモッコがゆらゆらしながら宙をゆっくりと下りてくる。右へ左へと揺れながら、薬師沢小屋前に組んだ猫の額ほどの小さなヘリポートにドスン！と着地。毎度のことながら、おみごと。

ＡＳ３３２スーパーピューマ。一度に2t近い荷物をぶら下げて小屋の前まで飛んでくる。シーズン初めのヘリで4、5便。次の便が来る前にヘリポート上の荷物を片付けておかなければならないので、みんな狂った黒蟻のようになって、小屋内に荷物を運び入れる。貴重な食材はこうしてやってくる。

冷凍食品は溶ける前に大急ぎで冷凍庫へ。缶詰、乾物類は棚へ、そして生鮮野菜はすべての段ボール箱を開け、新聞紙を敷いたテーブルや床の上にズラリと並べる。下界からやってきた野菜たちは、下界

昨シーズンの
ファーマー君
薬師沢小屋
ファーム2022

との急激な温度差にびっしょりと濡れている。まずはこの汗をしっかりと乾かすことが野菜保存の第一歩だ。

キャベツの保存やいかに

山小屋で葉物野菜といえば、保存のきくキャベツくらいなものだろう。どこの山小屋の食事プレートを覗いても、かなりの頻度でキャベツが登場しているのではないかと思う。

とはいうものの、シーズン中に2回のヘリ輸送。1カ月以上も、冷蔵庫のないわが沢《さわ》小屋（薬師沢小屋）でキャベツを保存するには、それなりの工夫が必要だ。

今まで長い間、キャベツは新聞紙に包んで段ボール箱に収め、比較的涼しいと思われる勝手口裏の棚に置いていた。キャベツは暑さと湿気に弱いので、新聞紙と段ボール箱をまめに乾かしてやるのがポイントだ。

だがこの保存方法のデメリットは、キャベツの一つ一つが新聞紙に包まれているので、傷みの発見が遅れてしまうことだ。キャベツはいったん傷み始めると急激に溶けてしまうので、臭いに気付いたときにはもう遅い。それで、2年前から保存方法を変えてみた。

初めのシーズンはコロナ対策用に空けておいた2階客室の一角に、次のシーズンは1階の男性従業員部屋に、裸のキャベツをずらりと並べた。この年は珍しく男性従業員が1人しかおらず、並べるスペースを熱のこもらない1階に確保できたのだ。

これでキャベツを管理しやすくなったが、直接空気に触れているせいか、葉の端から順に乾燥していってしまう。芯をくり抜いて濡れた新聞紙を詰めるとか、芯に爪楊枝を2、3本刺したりすると長持ちする、と聞いたので試してはみたが、いまひとつ。

結果、今のところ簡単で効果があると感じているのは、芯の切り口にガムテープを貼る方法。芯からの水分蒸発が抑えられるので、干からびにくくなる。一般家庭でそんなに長い間キャベツをほったらかしにする人も少ないだろうが、お試しあれ。

さて今シーズン、キャベツ畑の上に暮らした男性従業員はといえば、初めのころこそ「キャベツ臭くて眠れません」だの「コバエが増えました」だの苦情を言ってきたが、キャベツと共に日々を過ごすうちに、いつしかキャベツだけでなく、ほかに並べたナスやピーマンなどの野菜の面倒も見る、心優しきファーマーへと成長していった。

キャベセン上達への道

キャベセン、とはすなわち「キャベツの千切り」である。山小屋で出てくる食事の皿を見ると、そこには必ずといっていいほどキャベセンが盛り付けられている。キャベセンは山小屋料理人の登竜門であり、上手にできる人間がいると非常にありがたい。

え、キャベツの千切りくらい誰でもできるでしょ、と思うかもしれないが、家庭とは違って山小屋ではとにかく量が必要だ。悠長に一枚ずつ剝がし、軸を取ってクルクルと巻いて切っている暇はない。キャベツをドカンと縦半分に割り、さらにその半分にしたら、端から順に軸ごと切っていく。

細く長く速く切れたなら、キャベセンの上級者だ。キャベツを盛り付けるときにフワッと空気が入り、こんもりとおいしそうに見える。使うキャベツの量も少なくて済む。

包丁が使えるかどうか。私は毎年ドキドキしながら、新しい従業員が握る包丁の動きに目を配る。

真っ先にストップをかけるのは、指先が包丁の刃の前に出そうなとき。指先は丸めて、とにかくゆっくりでいいから。野菜を切っても手は切らないように、と口を酸っぱくして言う。自分は包丁を使えると思っている人には、「こうしたらもっと切りやすいよ」とうるさくならない程度にアドバイスをしている。教えるほうも結構気を使うのだ。

修練というものはすばらしい。どんなに包丁が使えなかった人でも、焼きそばに入れたくなるような太さに切っていた人でも、シーズンが終わるころには、みんなそれぞれ上手にキャベセンを切れるようになっている。だから私は、スライサーを使えば楽だけれど、あえて包丁でキャベセンを切ってもらうようにしている。

せっかくこの小屋に来た

のだから、なにか一つくらい身につけてほしい。勝手な親心ではあるが、キャベセンを上手に切れるようになった君は、今後どこの山小屋に行ってもありがたがられるよ、きっと。

もしもキャベツが余ったら

シーズン中はキャベツが余るよりも足りなくなることのほうが多い。不安になると、キャベセンに海藻を足してかさ増しをする。それでも足りないと、戻した切り干し大根を入れる。こうなるとキャベセンというよりもサラダになってしまうが、仕方ない。ゴマドレッシングをふんだんにかけて、おいしく召し上がってもらおう。

逆にシーズン終わりにはたいていキャベツがだぶつく。以前、太郎平小屋から無線で「キャベツが余っているので、お好み焼きを作ろうと思います。小麦粉の余裕があったら分けてください」と問われたことがあったが、キャベツの消費方法としては70点くらい。なぜなら小麦粉を足すことによって、食べるべき量が増えてしまうからだ。

太郎平のように従業員が多い小屋ならともかく、小さい小屋ではシンプルに素材を食べるのがベター。たとえば、ざく切りにして塩昆布と混ぜ、ゴマ油を少し垂らして浅漬けにしたり、豚肉とキャベツの重ね蒸しにしたりして、かさを減らして食べるのがおすすめ。ポトフやロールキャベツ、ザワークラウトやキャベツのポリヤル（南インド料理）なども、一玉ペロリと食べられる、おすすめのメニューだ。

とはいえ薬師沢小屋では、10月ともなれば従業員が2人だけになってしまうので、キャベツもたいして減らない。基本は9月中にお客さんの胃袋に収めていただき、量の調整をするのが正解だ。

秋の連休のころ、みそ汁や野菜炒めにやたらとキャベツが入っていれば、小屋にはまだ大量のキャベツが転がっていると思ってもらって間違いない。

豚肉

Yamagoya
Ryori-nin
03

メインディッシュを召し上がれ

薬師沢小屋のメインディッシュが豚の角煮になってから、かれこれ15年が経つ。その間、延べ約3万人分の角煮を作った。私の前世はチャーシュー屋だったのではないか、来世は豚になるのではないか、と思うくらい豚肉を煮続けた。

メインディッシュはメニュー替えしないのか、との疑問もあろうが、同じ料理を出し続ける一番の要因には、冷凍庫のキャパシティの問題がある。1人当たりの肉の分量を考えたとき、豚肉を使った料理がいちばん、肉の量が少なくてもボリュームが出るのではないかと考えたのだ。

だから豚肉もスーパーで売っているような短冊状やスライスではなく、豚の片腹4枚が1ケースに四角く詰め込まれた、冷凍のバラ肉をヘリ荷で上げている。この形状なら冷凍庫にきっちりと効率よく収めることができる。

ちなみにメインディッシュが豚の角煮になる以前は、豚の冷しゃぶを提供していた。ではなぜ、メニ

ューを豚の角煮に変更したのか。そのあたりの事情からお話ししてみたい。

豚の角煮誕生秘話

私もとうとう2年前から薬師沢小屋の支配人になったが、それ以前は、11シーズン一緒に働いた赤塚君が支配人だった。自著『黒部源流山小屋暮らし』で「小屋番」と呼ばれていた彼である。薬師沢小屋のメニューは彼と一緒に決めた。

私が厨房長として薬師沢小屋に入るようになったのは、赤塚君が支配人になって2年目だった。前年までのメインディッシュは、野菜サラダの上に豚の冷しゃぶをのせたもの。それに煮物と冷たいそば。彼が言うには、とにかくなにか一つでいいから味の濃い、こってりというかしっかりした味付けのものを入れたい、ということだった。理由はこうだ。

前厨房長は年配の女性だった。彼女は比較的さっぱりとした味付けが好みで、当時ギラギラの20代だった赤塚君にとっては、なにを食べてもなんだか味付けが物足りなく感じてしまった。かといって作ってくれるものにああだこうだとも言えなくて、味の濃いものが食べたいなぁ、と慢性的に感じていたらしい。

それでですね、僕。赤塚君は続けた。いつも消灯前に厨房を通って発電機室に行くじゃないですか。そのときにですね、焼き肉のタレを舐めていたんです。手のひらにポチョンと垂らして、ペロッて。それでなんだか満足して寝られたんです。

彼が真面目な顔をしてとつとつと語るものだから、かわいそうとか同情とかいう前に、私は腹を抱えてひっくり返った。まさに沢小屋の妖怪。夜な夜な行灯《あんどん》の油ならぬ焼き肉のタレを舐めていたのは赤塚君だった、ってね。一も二もなく、メインディッシュは豚の角煮に決定した。ついでに下に敷くものも野菜サラダじゃなくて、野菜炒めにしようか。赤塚君

薬師沢小屋 豚の角煮レシピ

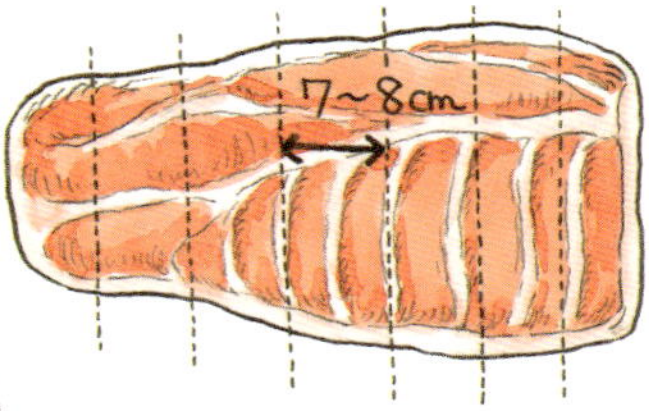

① 肉を切る。煮ると縮むので大きめに

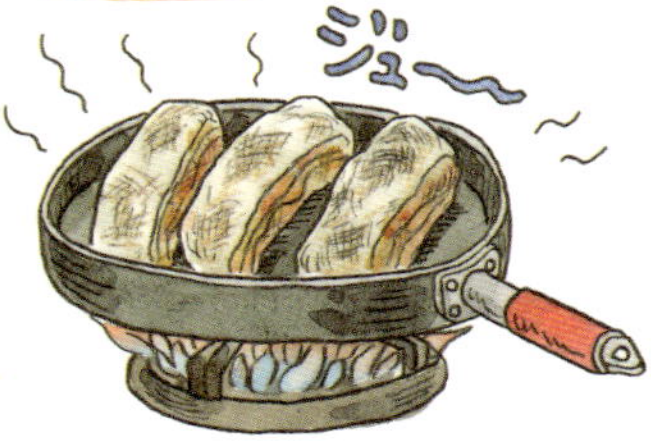

② フライパンで表面を焼く

③ しょうゆ：みりん：水＝1：1.2：1.5くらいの割合で、肉がかぶるまで入れる。八角を入れる

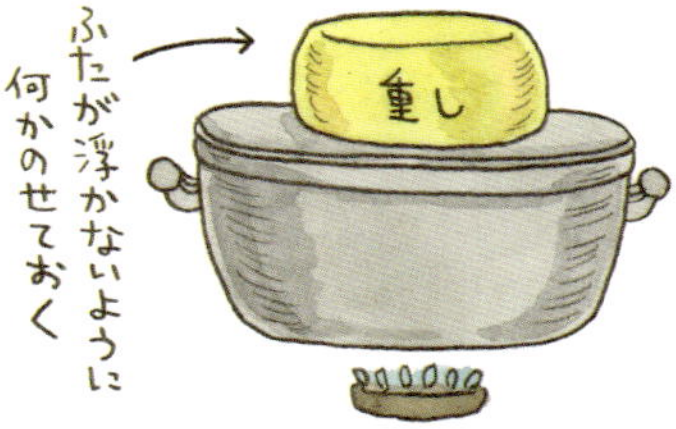

④ 4時間ほど弱火で煮て出来上がり!!

〈オプション〉

冷めた煮汁に茹で卵を入れれば、味卵に!!

がうれしそうににっこりと微笑んだ。
僕、もう、焼き肉のタレ舐めなくて済む。

ハイシーズンは追いかけっこ

そんな事情で、豚の角煮作りの日々が始まった。そのころ、小屋にあったいちばん大きい鍋には、豚の片腹を1枚しか投入することができなかった。当時は豚肉の規格がもう少し大きかったが、それでも一度に作れる量は70人分くらい。

前日の晩から解凍しておいた肉を朝に切って、表面をフライパンで焼いて煮汁に投入。午前中に約4時間かけて火を入れ、火を止めたら一晩置いて冷ます。翌朝、煮汁から引き上げてラップに包み、冷凍庫へ。午後になって冷え固まり切りやすい状態になったところで食べやすい大きさに切り、再冷凍。2日間の工程だ。それ以外にも、日常の仕込みや惣菜の作り置きなどの仕事が控えている。

コロナ禍以前は、ハイシーズンともなれば１００人を超えるお客さんが連日のように押し寄せていたので、当然2日に70人分のペースで角煮を作っていたら間に合わない。朝に角煮を仕込んで、午後に前日仕込んだ角煮を切る生活が始まった。それでも間に合わない分は、ハイシーズンが始まる前に用意し冷凍しておいた角煮を使う。お客さんの胃袋との追いかけっこだ。

来る日も来る日も角煮を作り続け、その間にも遭難事故や数々の事件が起こり、私の心はくたびれていった。これではいけない。

私は赤塚君にお願いして、豚バラ肉が2枚投入できる巨大鍋を注文して、ヘリで上げてもらうことにした。状況はかなり改善した。厨房にも穏やかな平和が戻り、食事をするお客さんの笑顔に気付く心のゆとりも生まれた。

翌年からは、冬の間に下界の厨房で角煮を作って冷凍してもらい、シーズン初めのヘリで約６００人分上げ、足りない分を小屋で作ることになった。こうして豚の角煮は無事、薬師沢小屋のメインディッシュとして定着していった。

豚バラ肉の解凍場所

豚バラ肉は前日の晩に冷凍庫から出し、翌日の朝食配膳を終えてから角煮用に仕込む。解凍するといってもただそのへんに出しておけるわけではなく、どこに出すかが問題だ。厨房の台の上にでも出せば、と思うだろうか。しかし台には使いかけの野菜や余った料理がいっぱいで、さらに小動物にやられないように網をかぶせてある。豚バラ肉2枚を置くスペースはない。そこで私は、大きな冷凍庫の上にバラ肉を置くことにした。

明くる朝、まだ発電機もつかない時間に厨房へ行くと、ヘッドライトの光の中、バラ肉の上でうごめくなにかが浮かび上がった。よもや生肉に。まさか、またお前か！　きょとんと振り向いて、ライトの光に目を真ん丸にして固まっていたのは、薬師沢小屋の住人、ヤマネだった。

その後、ヤマネの侵入しないだろう場所をあちこち模索し続けた結果、現在ではバラ肉の解凍を厨房の流し台の中と決めている。水に濡れるのが嫌なヤマネは、流し台の中に入るのを躊躇するようだ。これで安泰。

〜薬師沢小屋夕食メニュー〜
冷たいとろろそば
野菜の揚げびたし
ナスの昆布締め
フルーツ
枝豆
スパサラ
野菜炒め
豚の角煮
白米
ほうじ茶
箸置き
河原の石
なめこと豆腐のみそ汁

豆腐

Yamagoya Ryori-nin

04

軟らかき白の女王

薬師沢の小屋開けは6月の下旬だ。物資を積んだヘリコプターが飛ぶまでは、担いできた食材と小屋内に残っているもので食事を賄う。主なたんぱく源は豆腐。豆腐は高野豆腐か、前年の余りの長期保存ができるパック豆腐になる。

パック豆腐の賞味期限は約7カ月と謳われていて、期限は若干切れているが気にせず食べている。とはいうもののこの豆腐、越冬がうまくいかないと、パックの中で高野豆腐になってしまう。

小屋閉めに際して、豆腐は食料を詰め込んだ大きなストッカーの真ん中辺りに配置して、少しでも凍りにくいようにしているが、寒さが厳しい年には、半分くらいの豆腐が凍ってしまう。一度凍った豆腐は軟らかいスポンジ状になってしまい、食べられはするが舌触りがよろしくない。

そもそも豆腐をストッカーに入れる時点で、越冬の成否を自然の成り行き任せにしていないか。昨シーズンの小屋閉めにあたり、私はハタと思いついた。

発泡スチロール製の箱に入れて毛布で包み、2階の布団部屋に入れてみたらどうか。

今シーズンの小屋開けには、もしかしたら滑らかで軟らかい豆腐が口にできるかもしれない。想像したくもないが、リスクは動物に荒らされて布団が豆腐まみれになることか。

崩れた冷や奴

私が山小屋で働くようになった20年くらい前は、今のように長期保存ができる便利な豆腐はなく、粉末状の豆腐の素を利用していた。水に豆腐の素を入れて混ぜながら火にかけ、沸騰したら火を止めて凝固剤を入れ、手早く型に流し込む。冷えたら豆腐の出来上がり。

テント泊山行の夕食でもよく使った。軽

くてコンパクトな割に量ができる。できた豆腐に麻婆豆腐の素を混ぜれば、ご飯も進む。この豆腐の素、ひと頃は生産中止になっていたが、一部の消費者の熱い声に押されて生産再開となった。おそらく登山者の声も多かったのではないかと推測される。

さて、冷えて固まった豆腐だが、型から外すのが意外と難しい。四角い外型の中にコの字状になったプラスチック製の内型がはめ込まれていて、内型を引っ張り上げると豆腐が出てくる。長年使い込まれて傷だらけになったコの字型から、豆腐はなかなか外れてくれない。

型も通常サイズの豆腐2丁分はあろうか。型に沿って包丁を入れ、よっ、とか、それっ、とか揺すってみるのだが、気合いの入れすぎか、もろくも崩れる。みそ汁用ならまだいい。冷や奴用ともなると、あんまり崩れると、じきに厨房長のカミナリが落ちる。「ああ、もういい！　俺やるから、どけっ！」。わかりますよ、わかりますよ、今なら。厨房長の気持ち。

でもその言い方はないんじゃなーい？　持ち場を失った私は一人、奥のストッカーを開けて、腹いせに冷凍食品をパンチした。痛い痛い！　若かったねぇ、私も。

豆腐七変化

食材としての豆腐は、非常に柔軟で多様性に富む。ほかのどんな食材にも上手になじんで邪魔をせず、相手の素材のいいところを引き立てながらも存在感を保つ（ああ、私もそんな人間になりたい……）ので、レシピの可能性は無限大だ。

お客さんに出す料理で豆腐を使うのは、みそ汁と冷や奴、高野豆腐の煮付けくらいだが、従業員の食卓にはさまざまな豆腐料理が登場する。なかでも人気のメニューは豆腐担々麺だ。

練りゴマと豆腐をよく混ぜ、ラーメンスープでゆるめる。別茹でしたラーメンを入れ、辛く炒めたひき肉をかける。白髪ネギでものせれば、なおうまい。

デザートに使うこともある。山小屋には生クリームがないから、豆腐をよく混ぜ、砂糖とバニラエッセンスを加えて豆腐クリームにする。あとはホットケーキを焼いて、缶詰のフルーツを挟み、豆腐クリームを塗れば、簡易ケーキの出来上がり。従業員の誕生日があっても大丈夫。

少し凝った料理としては、豆腐のリコッタチーズで作るナスのインボルティーニ。初めて料理名を聞いたときは、私もなに?なに?と聞き返した。3つの国籍をもつ従業員が教えてくれたスペシャルメニューだ。

豆腐リコッタチーズは、水分をよく切った豆腐に、ピザ用チーズと塩少々を混ぜて作る。ナスを縦に長くスライスしてオリーブオイルで焼き、軽く塩・胡椒したもので、丸めた豆腐リコッタチーズをくるりと巻く。耐熱皿に並べてトマトソースをかけ、オーブンで焼けば出来上がり。

豆腐担々麺
従業員人気No.1!!
サラダ油
ひき肉
ニンニク
長ネギ
しょうが
粗く刻んだクルミ
すりゴマ（白）
・豆板醤
・しょうゆ
・甘みそ
・紹興酒
・みりん
…etc.
麺にかけるひき肉を炒める（味付けは適当に）
ボウルに入れてよく混ぜる
豆腐or豆乳
練りゴマ（白）
シャカシャカ
⇩
スープに混ぜる
インスタントラーメン付属のスープの素
※麺は別茹でする
白髪ネギ
味卵
ラー油（好みで）
残ったスープにライスを投入!!
おいしい!!
豆腐リコッタチーズ風
ナスのインボルティーニ
パン粉をかけて焼く
名前を聞いてもわからない
???
イ、イ、イン、ボ…ル？
インボルティーニです

以上、薬師沢小屋の豆腐メニューでした。従業員しか食べられないので、あしからず。

飛龍頭大爆発

「今日は飛龍頭《ひりゅうず》でも作るか」。山小屋の大先輩がつぶやいた。飛龍頭？　なんだろう。出来上がったものはいわゆる「がんもどき」だった。なるほど、がんもどきのことを関西では飛龍頭と呼ぶのか。

以来、私はがんもどきを作るたびにその大先輩のことを思い出す。空也《くうや》豆腐（豆腐に卵液をかけて蒸し、葛餡をかけた料理）なども作ってくれたことがある。山小屋に長く勤めている男性は、総じて料理が上手だ。

飛龍頭は水分をよく切った豆腐に、具材、卵、片栗粉を入れて軽く味付けし、丸めて油で揚げて作る。すりおろした山芋を入れるとふわりとするし、具材に枝豆や明太子を入れるとビールによく合うつまみになる。

夜の従食（従業員の食事）に出すときは日中のうちに材料を混ぜ合わせておき、お客さんに夕食を出したタイミングで揚げ始める。手に油を塗って、中温の油にポイッ、ポイッ、ポイッ。入れて一呼吸、二呼吸した瞬間だった。

バチッ！　バチバチバチッ！　ものすごい破裂音とともに飛龍頭が爆発して、油と一緒に具材がそこら中に飛び散った。私は悲鳴を上げて火を消し、後方に跳ねた。飛び散ったのは、大量に入れたキクラゲだった。

飛龍頭に具材を入れすぎると爆発することがある。量は1割程度に、とのこと。日々、学びです。

後日談……　さて、今シーズンの豆腐越冬結果はというと。2階の布団部屋で厳重に防寒されたパック豆腐たちは無事で、高野豆腐にならずに済んだ。だがこれも近年著しい暖冬の結果かもしれない。

厨房エッセイ

山小屋食料難

しとしととよく降る雨だ。7月前半、北陸地方に居座った梅雨前線はいっこうに動く気配がなく、空に重たく垂れこめる雨雲を眺めながら私はため息をついた。物資輸送のヘリは、例年なら小屋開け直後の7月頭に飛ぶ。天候不順で1週間くらい飛ばないことはあるが、今シーズンはもう海の日の連休が始まるというのに、まだ飛んでくれない。さて、どうしたものか。これから押し寄せる登山客に提供する食料がまるで足りないぞ。

薬師沢小屋には去年の残りの乾物や缶詰類があるので、従業員が飢えて死ぬということはないが、スーパーに行けばなんでも売っている世界から来た新人アルバイトや若い従業員たちは大丈夫かしらと、支配人の立場にある私は少し心配になる。だが肉が食いたい、野菜が食べたいと言いながらも、元気のいい従業員たちはそれなりにこの食料難の状況を楽しんでいるように見える。米や麺などの炭水化物はあるが、おかずがない。すると普段は見向きもしなかったものを見つけてくる。誰がいつ持ってきたのかわからないトッポギ、こんにゃく粉、豆類。「コイの練り餌みたい」と言って、あまり口にすることがなかったマッシュポテトの粉も、ちょっとアレンジすればおいしいコロッケになる。物がないなかで工夫する楽しみ。

そのなかでも好評だったのが、戻しスルメだ。

スルメはどこから来たのかというと、実は開山祭のお供物だ。このスルメを半日ほどで戻して適当に割いて天ぷらにしたら、ボリュームのある一品になった。それから細かく切って、たこ焼きのタコ代わりにしたら、タコかイカかわからないくらいだ。さらに戻し汁でスープを作ってみたものの、こちらはちょっと微妙な味わいで不評だった。

さて、小屋開けに食材を少ししか持っていかなかった隣の山小屋では、そろそろ共食いでもしているのではないかと冗談が出るころ、下界で救援歩荷隊が結成され、各小屋に食材が届けられた。この人力による運搬のおかげで、今シーズンの海の日の連休にカレーライスを提供することができ、その後、無事に飛んだヘリ荷によって、ようやく通常のメニューへと切り替えられたのだった。

ひじき

Yamagoya
Ryori-nin
05

黒の海人、
ひじき

　ゲホゲホッ。食堂の入り口に打ち付けた板を取り外して中に入った瞬間、私は思わず咳き込んだ。うわぁ、これはひどい。テーブルや床のここかしこに動物の糞尿、さらに湿気による白カビが発生していた。加えて強烈なアンモニア臭。マジか……。

　今シーズンも黒部源流での生活が始まるぞ、と意気揚々と小屋を開けたはいいが、早々に心が折れそうになる光景であった。ため息が出るが、仕方ない。おそらくテンや小動物たちの仕業だろう。

　やれやれと始める掃除のなかで、さまざまな発見がある。動物たちはとにかく油っけのあるものが大好きだ。フライドニンニク、練りゴマ、カレールー。人気がないのは干し椎茸や海藻の

類い。彼らがヘルシー志向でないのは一目瞭然だ。

動物に無視され、床に散乱したかわいそうな食材、ひじき。ひじきは山小屋では主要な乾物だが、動物だけでなく、人間にとってもあまり食いつきのよくない食材だなと感じている。バラバラして食べづらいのか、私の味付けのせいかわからないが、白いプレートにしょんぼりと黒い姿が取り残されていることが多い。かわいそうなひじき。厨房長の試行錯誤は続く。

盛り付け難易度高し

薬師沢小屋のメインプレートは仕切りのない丸皿なので、盛り付けが非常に難しい。基本は隣に置いた惣菜と混ざらないよう、それぞれを独立させるようにして盛る。キャベセンや切り干し大根などは比較的盛りやすいが、ひじきの煮物は厄介だ。朝食プレートのなかで、最も盛り付けが難しい惣菜といえる。

コツは汁けをよく切ること。まずはスプーンの上でひじきの山を作り、そのままそっとプレートの端にスプーンを当て、ショベルカーの土を出すように、回転させながらスライドさせる。ひじきや具材がバラバラと崩れ落ちないようにスプーンで押さえるようにして、こんもりと山に盛れれば上等だ。

昔話になるが、20年ほど前は照明が暗く、ひじきの盛り付けは今よりもさらに困難を極めていた。

朝、4時。ランタンに灯を入れ、厨房と食堂にぶら下げる。部屋によくある黄色い小さな電球くらいの明るさだ。ひじきの入った小鍋など、暗くて黒くてなんだかわからない。頭に装着した豆電球タイプの光量の弱いヘッドライトをつける。

目を凝らしながらキャベセンを盛り、ひじきを盛り、煮豆、フルーツと盛っているうちに4時半になり、ようやく発電機が回り始める。明るくなると、プレートに飛び散ったひじきや、垂れたひじきの煮汁に目がいく。これをキッチンペーパーで拭き取る。

そのころに比べりゃなんのその。今は明るいLED灯が、発電機の回る前からバッテリーでこうこうと輝いている。

それに、最近はひじきの煮物からキンピラゴボウにメニューを変えた。こちらのほうが、みんなよく食べてくれる。しかし、使い切れるようにとヘリで上げるゴボウの量は少ない。ゴボウを使い切れば、ひじきよ、君の出番だ。

どうすればみんなに好んで食べてもらえるだろう。試行錯誤の末にたどり着いたのが、ひじきのツナマヨサラダだ。

これは、ひじきに下味をつけて、ツナとマヨネーズと柚子胡椒で和えたもので、お客さんの受けもよい。汁けは多少出るがバラバラにならず、ずいぶんと盛りやすくなった。ひじきの煮物が苦手な人にも食べやすい味なので、食わず嫌いをせず、ぜひお試しあれ。

ひじきよ、大海原へ

従業員の朝食はたいてい、前日の残りか、朝食でお客さんに出した惣菜の余り物だ。お客さんに出すメニューはいつも同じなので、従業員は当然、毎日同じものを食べる羽目になる。

正直、私は薬師沢小屋の惣菜を食べ飽きている。贅沢な話ではある。食べるものがあり、おいしく食べられる健康な体があるという幸せ。だが同じものばかり食べていると、どうしても箸が進まなくなってくる。食べきれない惣菜は、生ごみとして廃棄する。料理人としてこれほど胸の痛むことはない。

食材は生命である。どんな食材にも生命が宿っている。私たちは日々その生命を「いただきます」と言って、自らの生命をつなぐために食している。その生命を廃棄するなど、もってのほか。

余って冷凍庫に放り込んでいた野菜炒めを中心に、

私は従業員用カレーを作るようになった。カレーはみんなの好物である。カレーさえあればご飯も進むし、味が強いからなにを入れてもカレーになる。

余ったカボチャの煮物を入れてもいい。高野豆腐だって大丈夫だろう。豚の角煮の切れ端なんかは大当たりだ。冷食の焼き鮭だって骨さえ抜けば入れてもいいじゃない。厚焼き卵はどうかしら。

私はこの従業員用カレーを「大海原カレー」と命名した。大海原のようにすべてを包括し、生かし生かされ、宇宙のごとく大きく豊かな存在。ありとあらゆる具材が溶け込み、奏でるカレーのハーモニー。従業員はみんな、文句一つ言わずにカレーを食べ続けた。

あるとき私は大海原に、余ったひじきの煮物を投入した。茶色いカレーの中に黒いひじきがまんべんなく行き渡り、いまひとつ見栄えのよくないカレーになった。そしてとうとう一人の従業員がブチ切れた。

「おめー、今度はいったいなにを入れやがった！」

「え？　ひじき。大海原だし」「ふざけやがって、なにが大海原だ！」。さすがにね、私もちょっと度を超しちゃったかなと思いましたよ。カレーと従業員に対する尊厳というものもありますからね。

　とうとう従業員そろっての会議が始まった。食べ物を捨てるのはもったいない。でも食べきれないし、食べるのを強要されるのは嫌だ。そしてみんなの話をうんうんと頷きながら聞いていた赤塚君が、最後にこう結論を出した。「僕たちの胃袋はごみ箱ではありません。なんでもかんでもカレーに入れるのはやめましょう」。私もそのとおりと考えを改め、素直に従った。

　以来、大海原カレーは薬師沢小屋従業員メニューから抹消された。そしてひじきの煮物は10人分ずつ小分けにして冷凍庫に入れ、必要な分だけを解凍して使うよう改善した。最初から、そうすればよかったね。

トマト

Yamagoya Ryori-nin

06

命短し、
食せよトマト

トマトは箱入り娘のようである。箱の中にいるときですら、隣のトマトと触れ合わないように、それぞれの半身を窪んだ部屋にすっぽりと収めている。そしてトマトは繊細である。青臭さの残るトマトは扱いやすいが、熟れたトマトは丁寧に扱わないとグシャリとつぶれて始末に負えない。

花の命はと歌われるように、トマトの命もまた、はかなく短い。昨今、地球温暖化のせいか山の上でも気温の上昇が著しく、冷蔵庫のない薬師沢小屋においては、20年前に比べて野菜の持ちが悪くなった。トマトも同様、あっという間に食べ頃を過ぎてしまう。

命尽きかけ、傷み始めたトマトは、患部を切断してポリ袋に入れ、冷凍庫へと放り込む。いつかまた外に出る日まで、しばしの眠りについてもらう。しかしこれではトマト缶を使っているのとあまり変わりないなぁ。解凍して煮込み料理を作るたびに私は考えた。傷む前にいただくことこそ、生トマトの喜び。

私はメニューのローテーション変更を決断した。朝食にトマト、夕食にリンゴ、と回していたメニューを、朝食にトマト、夕食はトマトにして、トマトが尽きたら朝食にリンゴ、夕食にリンゴとする。その次がオレンジ、オレンジで、最後にモモ缶、パイナップル缶。

薬師沢小屋に泊まってプレートにのっているのがトマトだったら、物資ヘリが飛んで間もないころと思って間違いない。

住人たちの宴会場

ヘリコプターで運ばれてきたトマトは、傷みがないかチェックをした後、箱を重ねて勝手口の外の棚に置く。収納スペースが限られた小屋の中で、最も風通しがよく涼しいのがこの場所なので、トマトの定位置にした。

棚に置く際に気をつけねばならないのは、箱の隙間から小動物が入らないようにすることだ。小さい穴をふさぎ、重ねた箱がずれないようにガムテープで留め、小動物が侵入できないようにする。最後に、ふたの上に板か角材で重しをすれば、防御完了だ。

まだ厨房の経験が浅かったころは、何度か手痛い目にあった。なにかのはずみにずれたのか、トマトの入った箱のふたがきちんと閉まっていないときがあり、中を覗いてギャフン。小動物たちの宴の跡、後の祭りだった。

箱のほんの小さな隙間から、おそらく2、3匹の小動物が侵入し、すべてのトマトをちょっとずつかじり、フンだらけにしていったようだった。私は腹立たしさとやりきれなさで、大きなため息をついた。ああ、次の物資ヘリまでトマトは来ないというのに。

せめて1個とか2個を丸ごと食べていってくれればいいのに。小動物にも食事のマナーを。トイレは箱の外で。おかげでトマト1箱すべてを廃棄する羽目になった。

トマトを取ったら、ふたを必ずきっちりと閉めること。新人のアルバイトが来るたびに私は口を酸っぱくして言う。きっと小動物は今夜も甘い香りのする箱の周りでウロウロと、忍び入る隙間を探しているに違いない。

包丁研ぎの目安

山小屋とはいえ、薬師沢小屋の厨房にはそれなりに包丁がそろっている。三徳包丁にはじまり、菜切り包丁、牛刀、柳刃包丁、中華包丁、ペティナイフ。砥石も荒砥から仕上げ砥まで一式あるので、私は暇を見つけてはセッセと包丁を研いでいる。なにせ切れない刃物ほど危ないものはない。

包丁の研ぎ方は、山小屋で覚えた。最初は先輩の研いでいる姿を見よう見まねで、その次は研ぎの本を読んで、あとはひたすら実践だ。包丁の本数も多いし、使う頻度も高いから、研ぎの腕はそれなりに上がっていく。

研ぎがわかってくると、すり減った厨房の包丁にも歴史を感じるようになる。素人が研ぎ抜いて、直線になってしまった包丁。先端の折れた包丁。ああ、この包丁は若かりしころの私が折ってしまったのだった。あまりに疲れ果てて包丁を取り落とし、そのまま床に突き刺さってビヨンビヨンッと揺れて、ポッキリと折れたのだ。私の心と一緒に。

さまざまな思い出と共に、私は包丁を研ぐ。本当は毎日でも研ぎたいところなのだが、忙しさにかまけて、ついつい先送りにしてしまう。さすがに研がなくては、と思うタイミングはトマトを切るときだ。

トマトがスパッときれいに切れるかどうか。薄い皮にスッと刃が入らないようではいけない。

トマト用の包丁は、薄刃で両刃のものを専用に使っている。鋭利に研いであって刃がつぶれやすいから、あまり硬いものを切ってくれるなと伝えている。だからああ、お願いだからやめてくれ。その包丁でカボチャを切るのだけは。

生存者を救出せよ

ある年の秋。8月のお盆すぎに飛ぶはずだった物資ヘリが、悪天とヘリ会社の都合で、1週間、2週間、と日が過ぎ、とうとう3週間近く飛ばなかったことがある。天気が悪く客足も減ったので、食料は歩荷でなんとかやりくりできた。だが悲劇が起きたのは、待望の物資ヘリが飛んだ後のことだった。

9月も半ばになると、小屋閉めまで残り1カ月を切っている。おまけに平日のバス便も減っているから、お客さんも減る。当然、はじめの注文どおりの量で食材が届いてしまったら目も当てられないから、注文を減らす。だが下界で動ける人間の数を考えると、大量の注文品を確認して調整するには限界がある。そして調整ができないまま3週間の時を経て、トマトはやってきた。

飛んできたトマトはすでに完熟を超えていた。箱もぐっしょりと濡れて重く、開ける前からなにが起こっているかは想像できた。仕方がない。いつ飛ぶかわからないヘリを待っていたのだ。下界の冷蔵庫のキャパにも限界があるし、時間も経っている。

3箱届いたトマトのうち、生き残りはたったの2個だけだった。あとはつぶれてしまい、とても食べられる状態ではなかった。私は「トマトさん、ごめんなさい」と涙を流しながら、ぐしゃぐしゃになったトマトを片付けた。かわいそうなトマト。その晩、生き残りの2個のトマトは、感慨深い思いに浸りながら従業員でいただいた。

鶏肉
バジル
塩
胡椒
ピザ用チーズ
塩
胡椒
バジル
オリーブオイル
トマト
バジルトマト
スライスオニオン
※水にさらしてね!!
一口大に切った鶏肉を炒めて，塩，胡椒，バジルで味付けします
さいの目に切ったトマト，塩，胡椒，オリーブオイル，バジルを入れてよく混ぜます
白いご飯の上にトッピング
〜従食おすすめトマトレシピ〜
チキンタコライス!!
冷や奴にのせる。長ネギや削り節をのせてもGOOD!!
いろいろなものにかけてみてね!!
バジルトマトのバリエーションだよ
冷やしたうどんにバジルトマトをのせる。スライスオニオンをのせてもGOOD!!
バジルトマト冷や奴
バジルトマトうどん

卵

Yamagoya
Ryori-nin
07

卵は
生きている

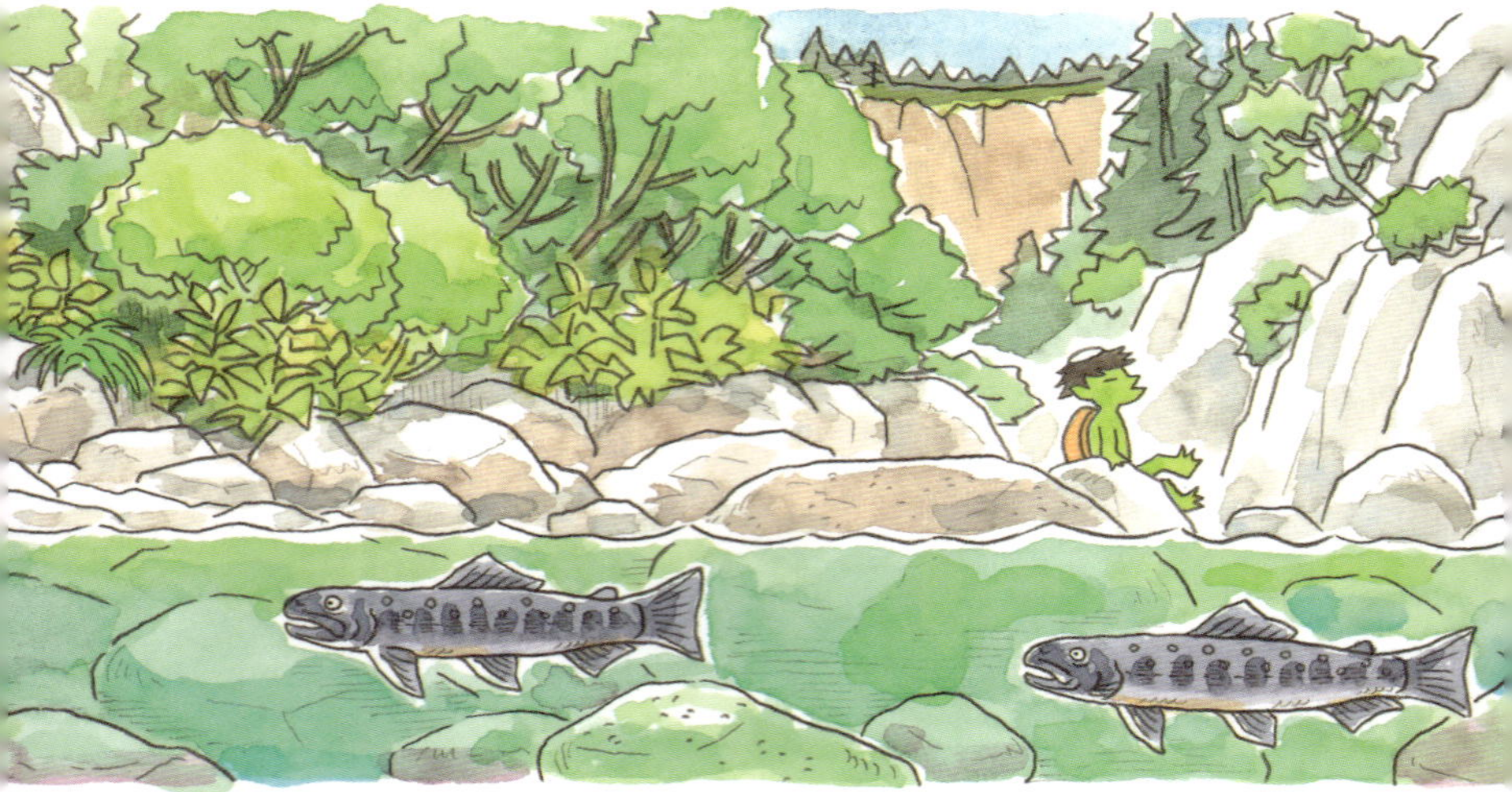

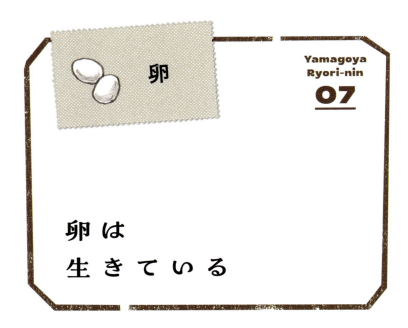

「飛びませんねえ」。一点の曇りもない空を見上げて赤塚君がつぶやく。「こんな日に飛ばなかったら、一生飛ばないよ」と私が腐れ気味に返すと、彼はいつものようにフフフと笑った。

物資輸送の「ヘリ日」は朝から落ち着かない。谷底にある薬師沢小屋から見上げる空は青空でも、ヘリ荷を用意している折立《おりたて》方面の空が雲で閉じていることは多いのだ。時折、中継地点の太郎平小屋と折立ヘリポートが交信する無線が聞こえてくる。まだしばらくヘリが飛ぶ気配はなさそうだ。「今のうちに昼ご飯でも食べちゃいましょうか」

いつでも食べられるようにと、ヘリ日に従食として用意してあるのはカップラーメンとご飯くらい。みんなのラーメンにお湯を注ぎ、いただきますと言って食べ始めた瞬間、無線が騒ぎ始めた。「薬師沢小屋、飛びます!」

それからはもう滅茶苦茶である。走り回って大騒ぎして、ようやく一息ついたころには、カップラー

メンはすっかり冷えて膨れ上がっていた。やむを得ないとみんなで笑いながら遅い昼食を済ませ、荷物の片付けにかかる。さて、今回もヘリ荷のいちばん上に置いてあった卵の入った段ボール箱、少し荷崩れしていたけれど、中身は無事だろうか。

割れない卵はない

ヘリでドサリと地面に着地した上に、重たいワイヤーとモッコの吊り綱が落ちてくるが、中の卵はそうそう簡単には割れない。段ボール箱の中のモールドトレーには、ズラリと立てて並んだ卵の列。この梱包がなかなか優秀で、そして卵は驚くほど縦方向の荷重に強いのだ。

それでもヘリ荷が下りた後のチェックは欠かせない。たいてい1つ2つはヒビが入っているし、割れていることもある。放っておけばコバエが湧くし、腐った卵はとても臭い。

そんな優秀な卵屋モールドトレーではあるが、私はシーズン終わりのヘリでミスを犯した。さすがに卵1箱分はもう使わないなと半箱を注文したら、卵屋モールドトレーではなく、スーパーで売られているようなプラスチックパックに入った卵が段ボール半箱分飛んできたのだ。

段ボール箱はすでにグチョリと濡れ、嫌な予感がした。開けてみると80個のうち半数近くが割れていた。げんなりするが、仕方がない。嫌な仕事は上の立場の人間がやる。先輩からの教訓だ。私はパックに残った液体や割れた卵をボウルに移し、割れていない卵を水で洗った。

その晩と翌朝の従食はご想像のとおり、私がやけくそで作った大量の卵焼き。残りもすべてスクランブルエッグにし、冷凍庫に放り込んだ。まあいい。次回は余ってもいいから1箱で注文しよう。

ゆく川の流れは絶えずして

卵は一つずつ割って中身を確認してから、別の容器で合わせる。横着して同じ容器に割り入れると、最後に割った卵が傷んでいた場合、すべて廃棄する羽目になるからだ。

ヘリで飛んできたばかりの新鮮なうちはいい。1箱使い、2箱目も終わりに近づくと、傷んだ卵が出てくるようになる。黄身の明らかにへたったもの、割ると液状になっているもの。とにかく怪しいと思ったら迷わず捨てること、と申し渡している。

「これ、どうしますか?」。傷んだ卵を入れた小さなボウルを抱えて、新人アルバイトが私に尋ねた。私はチラと見て、厨房の排水口から浄化槽を経てという意味で「黒部川に流れてもらいましょう」と答え、作業の続きにとりかかった。彼女は「はい」と返事をしたが、ふと気付けば姿が見えない。

トイレにでも行ったかな、と思っていたら、しばらくして「流してきました!」と元気よく厨房に戻ってきた。むむ? 「テラスにお客さんがいたから、なんだか見られるのは嫌だなと思って隠しながら」「1個はうまく流れたんですが、もう1個は黄身が沈んじゃって……」

おお、黒部川に? 私は思わず噴き出し、彼女に指示出しが悪かったと謝ると、真に受けて卵を流した彼女も大笑い。今ごろ下流のイワナが、なにが流れてきたかと大騒ぎしていることだろう。

おいしい厚焼き卵の秘密

四角い卵焼き器にジュワーンと卵液を流し込み、菜箸で丁寧に卵をくるくると巻いていく。子どものころに母の作ってくれた卵焼きが、私の卵焼きのイメージになった。あれから幾星霜。

山小屋で働くようになって食べた、先輩の作ってくれるだし巻き卵は、私の卵焼きへの概念を揺るがすおいしさだった。ふわふわと軟らかく、やさしい味。私もおいしいだし巻き卵を作れるようになりたい！

　私のひそかなだし巻き卵研究が始まった。卵液の配合は卵3個に対し、だし汁50㎖。え、だしをこんなに入れるの!?と思う。砂糖には保水性があるので、甘いのがよければ入れるとふっくらする。そして強火で焼くのが基本。慣れないと少し慌ててしまう。

　焼き始めは流し込む卵液が多くてもいい。巻くのもいい加減に棒状になっていればよくて、火を通しすぎて硬くしないことが大切だ。最後の2回くらいできれいに巻いたら、卵焼き器の余熱で固まらないうちに、ラップにのせて形よく包んでしまう。

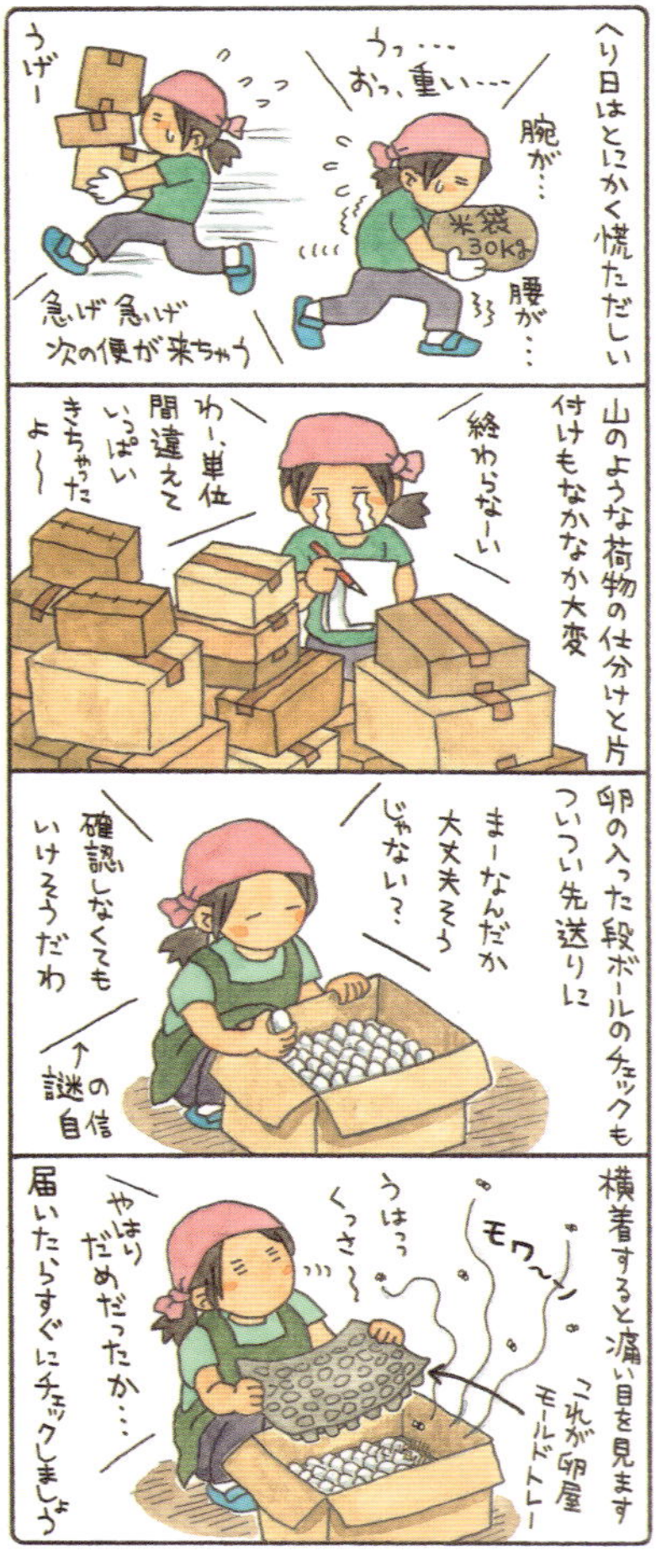

へり日はとにかく慌ただしい
うげー
うっ…おっ、重い…
腕が…
米袋 30kg
腰が…
急げ急げ次の便が来ちゃう
山のような荷物の仕分けと片付けもなかなか大変
終わらなーい
わー、単位間違えていっぱいきちゃったよ〜
卵の入った段ボールのチェックもついつい先送りに
まーなんだか大丈夫そうじゃない？
確認しなくてもいけそうだわ
↑謎の自信
横着すると痛い目を見ます
うはっくっさ〜
モワ〜ン
やはりだめだったか…
これが卵屋モールドトレー
届いたらすぐにチェックしましょう

　練習するうちに、卵3個くらいなら上手に焼けるようになったが、大きい卵焼き器で卵7個になると、まだ私の手に負えない。上手に卵をポンとひっくり返せず、いまだ修業中である。

　――と説明したが、薬師沢小屋で提供する卵焼きは、残念ながら既製の冷食厚焼き卵である。ボイルして切ってのせるだけであり、私にとっては甘すぎて、いまひとつおいしいと感じられない。そこで手

だし巻き卵 vs 冷食厚焼き卵

間ではあるが、ひと工夫してみることにした。

前日の晩に冷食厚焼き卵を半解凍して人数分に切り、水に浸けて甘い味と強すぎる黄の色素を抜く。朝になったら水を切って、塩とめんつゆ、だしの素を入れた濃いめのだし汁で温める。配膳直前に熱々をプレートにのせれば、おいしい厚焼き卵の出来上がりだ。以前はよくプレートに残っていたが、おかげで今はほぼ食べてもらえるようになった。常連のお客さんからも、おいしくなったと好評だ。料理のひと手間は大切だね。

ニンジン

Yamagoya Ryori-nin 08

薬師沢小屋、若返りの水

山小屋は仕事の場であり、生活の場でもある。だから新しいアルバイトが入ってくると、私は必ず食べ物のアレルギーや、好き嫌いがあるかどうかを確認している。

果物や卵のアレルギーがある人はたまにいる。宗教上の理由で牛肉がダメという人もいる。肉を食べたくない思想の人は、避けて食べてもらうようにしている。あとは好き嫌い。同じヒトという種であっても、好き嫌いが違うのはおもしろい。

そもそもヒトは雑食であり、食べ物の好き嫌いは生存のための防御反応だという。子どもが苦いものや酸っぱいものが嫌いなのは、腐敗した食べ物を避けようとする本能なのだ。しかしヒトはまた、いろいろなものを食べる経験を重ねることにより、好き嫌いを減らす能力も備えている。

私が子どものころは、家庭の教育方針で、嫌いなものも食べられるようになりなさい、と育てられた。しかし今では、大人になってまで嫌いなものを無理

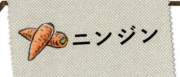

に食べる必要はないと思っている。ストレスを溜めず、食べたいものをおいしくいただく。それがいちばん。

とはいうものの、以前、当山小屋グループ某支配人がニンジン嫌いで、小屋閉めのころにニンジンが大量に余ったと従業員がブツブツ言っていたことがあった。まあ、好き嫌いもほどほどに、ですな。

ニンジンの保存方法

私が初めて山小屋に入ったころ、ニンジンは段ボール箱の中に立てた状態で保存するようにと教わった。ニンジンが生育する状態に近づけることで長持ちさせる、という考え方だ。この保存方法の難点は、土の中ではないのでニンジンの先端に負荷がかかることだ。先端が自重でつぶれ、そこから痛み始める。

次に考えられたのは、おがくずを段ボール箱に入れてニンジンを立てる方法だ。これでニンジンの先端は傷まなくなったが、おがくずの中に入っているので、抜いてみないと状態を確認できなくなった。いつの間にか傷んで溶けたニンジンがおがくずを湿らせ、周囲のニンジンが傷んでも気付くのが遅れる。

そもそもニンジンを立てて保存したところで、そんなに大きな違いがあるのだろうか。習慣にとらわれず、疑い、模索せよ。私は段ボール箱にニンジンをゴロゴロと寝かせ、間に新聞紙を挟んで2、3段に重ねることにした。たまに全部取り出してチェックをするので多少の手間はかかるが、保存方法として悪くはなかった。

場所にゆとりがあるときは、平面にズラリと並べるのが視認性もよく、手間もない。とにかく湿気がこもるとニンジンは溶ける。溶けるくらいなら乾くほうがましなのだが、秋も終わりのころになると、水分を失ったニンジンがミイラのようにしなび始める。いくらなんでもこれでは。さて、どうしたものだろうか。

アンチエイジング装置

薬師沢小屋には対岸の沢から引いた冷たい水が常に流れている。私はいつかこの水を利用した水冷式冷蔵庫を作ろうともくろんでいるのだが、今のところ構想止まりだ。現時点では、冷やしたいものをポリ袋に入れ、厨房の流し台にある小さな水槽に放り込んでいる。

あるとき、しなび始めたニンジンを片手に、水槽に入れておいたら水分を吸って復活するのではないかと考え、2、3本入れておいたことがある。するとあら不思議、1日経つと心なしか、2、3日するとなんだかやっぱり水を含んで大きくなっている？

若返りの水だ！　アンチエイジング装置だ！　私は大発見とばかりにニンジンだけでなく、ついでにナスやキュウリも水槽に放り込んでみた。小さな水槽はしなびた野菜でいっぱいになり、水槽の排水口が野菜で詰まって、縁から水があふれ出した。

この状況を憂えたアルバイト、以前紹介したファーマー君（第2回）が、風呂場にアンチエイジング装置を新たに作ったらどうかと提案してきた。従業員の風呂は3日に一度だから、使うときだけ取り出せばいいし、水回りも問題ない。提案は即採用となり、支配人たる私は「君、作りなさい」とさっそく指示を出した。

ええ？と困惑顔のファーマー君ではあったが、コツコツ作業をしていたらしい。ちょっとダサいが、発泡スチロール製のアンチエイジング装置が、いつの間にか風呂場に設置されていた。なかなかやるじゃないか。

その後、使う野菜はこちらの装置に投入されることになったのだが、常連のお客さんからいただく日本酒を冷やすには最適な深さでもあり、そのうち野菜のアンチエイジング装置なのか、酒蔵なのか、よくわからない状態になってきた。

スクープ!!
ニンジン謎の融解!!
ある年の秋、ヘリ荷で飛んできたニンジンが、10日ほど経ったころから、溶けだした。なぜ？水分を多く含んだニンジンなのかな？
どうしよう〜
??
溶けないで〜
中から溶けてくるよう
ドロ〜
ニンジンの中心部から軟らかくなって溶けていく。ポリ袋に入れて水で冷やしても改善せず、あきらめた
ピーラーでニンジンを薄切りに。最後は包丁を使います
指を切らないように
ニンジンサラダ
オリーブオイル
胡椒
塩
明太子
レモン汁
明太子、塩、胡椒
レモン汁、オリーブオイルで和える
何味でもおいしいよ
ニンジン鍋
鍋物に入れるだけ。薄いのですぐに火が通る
キャロットラペ
〜薬師沢小屋バージョン〜
胡椒
マヨネーズ
ツナ
粒マスタード
ツナ、粒マスタード、マヨネーズ、胡椒で和える
塩
ニンジンを千切りにして、軽く塩を振る
いただきまーす
パセリを入れてもおいしいよ!!
しな〜
軽くで大丈夫
キュッ
水分が出たら軽く絞る
ニンジン大量消費!
誰か代わりに食べて〜
ニンジン嫌い!!
キャー
いやん

はたから見たらカオス状態の、風呂場に置かれたアンチエイジング装置という名の発泡スチロール箱。私はしみじみ思う。どうして山小屋は、こんなに滑稽で愉快なのか。

ニンジン大量消費

食材消費シリーズ、ニンジン編。ニンジンは、保存状態がよければ比較的長持ちする食材だ。多少しなびていても、まだまだ料理に使える。時間に余裕があれば、無理に使わずに、切って干して乾かして、来シーズンの小屋開け用食材にするのもいい。

　簡単なのはピーラーでスライスして鍋物に入れるニンジン鍋だ。もしくはスライスしたニンジンに塩・胡椒をして、レモン汁、オリーブオイル、冷凍庫で眠っていた明太子で和えるサラダもおいしい。

　そのほかにもポタージュスープ、キャロットラペ、ニンジンの天ぷらにキャロットケーキと、数え上げたらきりがない。非常に幅広く使える食材なので、消費は楽である。

　ただ、ニンジンのグラッセだけは……なんだろう。昭和のころのニンジンってもっと土臭かったのかな。それとも私が子どもだったせいか。せっかくのステーキの横にチョンとのっているあのニンジン、うれしくなかった。だから私はニンジンが嫌いではないけれど、なんとなくニンジンのグラッセだけは作る気になれないのだ。ごめんね、グラッセ。

後日談……

風呂場に置かれたアンチエイジング装置はその後も活躍するかと思いきや、風呂日のたびに水を抜いて移動させるのが手間でもあり、翌シーズンにはなくなってしまった。代わりに水槽にネットを設置して野菜をその中に入れることで、排水口が野菜で詰まる問題は解消された。ただ日本酒だけは変わらず、あふれんばかりに水槽に並んでいるけどね……。

リンゴ

Yamagoya
Ryori-nin
09

リンゴと
おもてなしの心

あー、またやっちゃった、大丈夫かな？　朝、厨房に入って見回すと、使いかけの野菜類を入れたザルが壁際の台の上に置きっぱなしになっている。本来ならば厨房の大きな作業台の上にのせて、小動物よけの網をかけておかなければならない。

この前も忘れて置きっぱなしだったけど、大丈夫だったからなぁ。被害がないか近くに寄ってみると、ん？　ジャガイモ？　一瞬、ジャガイモかと思った白い塊だが、よくよく見ると、ヤマネの細かい歯形がびっしりとついている。もしやと思ってザルごと動かすと、壁に接していた側にはリンゴの赤い皮が残っている。

リンゴだったのかぁ。しかし、みごとなものだ。リンゴの面に沿って、小

リンゴ

さな歯できれいに皮を食べ尽くしている。私たち人間はリンゴの皮をむいて食べることが多いが、野生動物はそうはしない。自分にとって必要な栄養素がどこにあるのか、きちんとわかっているようだ。

ヤマネさん、昨晩はザルの中で狂喜乱舞。バイキング形式で大好きなリンゴをおなかいっぱい食べられてよかったね。でも私、もう二度と置きっぱなしにしないから。

リンゴ10等分

薬師沢小屋の食事プレートにのせるリンゴは、10分の1切れだ。8等分ならみんな迷わず半分、半分、半分で切れるのだが、10等分となると、一瞬、はて？と考える。どうやって切るんですか、と聞くアルバイトもいるが、ここでは各人に流儀がある。

まずはリンゴを縦半分に切る。ここまではみんな同じ。赤塚君は、この半分から5分の1を切り分け、残った5分の4を半分、さらにそれぞれを半分にする。私は半分を2対3に切り、それぞれ2等分、3等分する。要するに等分にすればいいだけだ。ところが慣れないうちは意外と難しい。

切り終えたリンゴを盛り付け始めると、薄っぺらなリンゴ、分厚いリンゴがちょいちょい出てくる。あまりにも薄いものはよけるが、口うるさくは言わない。そのうち切れるようになるだろうと放っておく。それには過去にちょっとした反省があるからだ。

問題になったのは野菜炒めに入れるジャガイモだった。厚い薄いがあると火の通りにムラが出るから、2～3㎜の間で切ってほしいと頼んだ。しかし1㎜だったり5㎜だったり、なかなか上手に切れないアルバイトがいた。あるとき、「いい加減に切るからできないのか、やろうとしてもできないのか、教えてくれ」と言ったら、彼は涙ぐんでしまった。

ちょっとイラッとしたのが伝わってしまったんだね。繊細な心の持ち主だったのだな。なんとかやろうとしてもうまくいかないことは誰にだってあるものだし、できなくても仕方がないよね。私が悪かったよ、ごめんね。

茶色いリンゴ

ヘリ荷で到着したばかりのころのリンゴは、シャキシャキして甘酸っぱくてとてもおいしい。けれども日が経つにつれ、歯ごたえがなく味もあまりしなくなる。いわゆるボケたリンゴというやつだ。

どうやって保存すると長持ちするのかリンゴ農家さんに聞くと、リンゴを入れたポリ袋の中に、水に濡らして固く絞って丸めた新聞紙をいくつか入れ、口を縛って冷蔵庫に入れるのがよいと教わった。しかし薬師沢小屋には冷蔵庫がない。

打つ手もなく日が過ぎていき、切ると茶色くなったリンゴがポツリポツリと出てくるようになる。自分の家だったら食べてしまうくらいなものでも、お客さんのプレートにはのせられない。これはのせても大丈夫ですかね?とアルバイトが聞いてくる時点で、はねることにしている。

これにも苦い記憶がある。私がまだ若かったころ、ちょっと茶色いかなあ、でもこれをのせないとまた新しくリンゴを切らないと足りないし、と出したリンゴが、手をつけられずに下がってきたことがある。それを見つけた年上の従業員に怒られた。「たった一人のためにでも、新しくリンゴを切れ!」

そのとおりだと思う。足りないから切るのではなく、たった一人のために切る。一人のためにでも、できるかぎりのことをするというのが人として大切なのではないか。私の心に突き刺さる言葉だった。

そう、面倒くさいと思うことはたいてい、やったほうがいいことばかりだ。

それにしても、切っても切ってもまた茶色いリンゴ。さて、このリンゴをどうやって片付けましょうかね。

リンゴちゃん

切った時点で茶色いリンゴは、とりあえずポリ袋に入れて水槽（第8回）に放り込む。後から適当に従業員の食事に出すか、たまったらジャムやアップルフィリングを作ったりして消費している。本当はアップルパイにして食べたいところだが、忙しくてなかなか作っている暇がない。

作る環境は一応あるのだ。昭和のころから使っている、手作りの「一斗缶オーブン」だ。一斗缶を横倒しにして、中に石を入れ、中段に網を入れる。これをガスコンロの上に置いて加熱するのだが、温度調節が難しい。以前、菓子職人が小屋に滞在したときにシュークリームを作ってくれたことがある。さすがにこの一斗缶オーブンには苦戦したみたいで、いくつか焼いた後は、フライパンで焼いてシューロールにしていた。

さて、話はリンゴに戻る。以前、米の水加減を間違えて大量のお粥を作った、「お粥ちゃん」（第1回）が、今度は茶色いリンゴでジャムを作るという。好きなようにしなさいと言ったまま忘れていたが、2、3日経ってもジャムが出てこない。ジャムはできたのかとヨーグルトを食べるときに聞くと、ムニャムニャ言いながらうつむいてしまった。

「ジャム、作ろうとしたんですけど、煮すぎて飴みたいになっちゃいました……」「いいよ、飴でも。食べようよ」と言ったものの、彼女が持ってきた保存容器の中に入った、砂糖の塊のような得体の知れない物体に思わず噴き出した。おそらく砂糖の入れすぎと煮詰めすぎだろう。熱いうちはよかったけれど、冷えて固まって飴みたいになってしまったのか。硬いリンゴの砂糖菓子のようなそれは、その後従食の中に少しずつ混ぜ込まれ、なんとか消費されたようだ。そして彼女の新たな呼び名は「リンゴちゃん」。やってくれるね。

厨房エッセイ

生ごみ処理事情

薬

師沢小屋では生ごみを焼却処理している。生ごみは水分を含むので、そのままではなかなか燃えてくれない。それで目が細かい網に広げて天日干しをしたり、発電機室に置いて乾燥させたりして、水分を飛ばしてから焼却している。人が少ない時期はそんなに苦労しないのだが、お客さんが増えて野菜屑や残飯の量が増えたり、野菜が傷んできたりすると、生ごみを入れるバケツが一日でいっぱいになってしまう。なんとか乾かそうとするも生乾き。そうなるとなかなか燃えずに苦労する。

できることなら2日間乾かしてから燃やしたい。ミーティングでなにげなく言った私の一言に、「野菜屑はバイオトイレに入れて分解させたらどうですか?」との提案が従業員から上がってなるほどと思い、即採用となった。入れるのは野菜屑のみで、肉片や残飯など虫が湧きそうなものは入れないこと。使うのはいちばん奥の従業員用トイレに、という形で運用が開始された。

発電機が動いてバイオトイレをかき混ぜるスクリューが回り始めると、最近、厨房から受付に移った私の代わりに、厨房担当が野菜屑の入った容器を抱えてトイレに入っていく姿が見られるようになった。「調子どう?」と聞くと、まあまあよさそうとの返答。すばらしい。これで焼却も楽になると安堵していたところ、事件は起こった。いつものようにいそいそと容器を抱えた従業員の女性がトイレに入ってしばらくすると、ヒャアヒャア言いながら慌てた様子で飛び出してきた。受付業務を終えた私が、なにか言いたげな彼女に「どうしたの？」と尋ねると、「けいこさん、私、トイレに落ちました！」と報告してきた。トイレに落ちるって、いったいどういうこと？　問う間もなく、彼女は興奮気味に経緯を説明してくれた。

　まずはトイレの便座を上げ、その下の掃除をする際に開ける金属のふたを開け、野菜屑を入れた。運転ボタンでスクリューを回して攪拌し、振り向いて扉の外に容器を置き、自分はそのまま用を足そうと扉を閉めてズボンを下ろした。うっかりメンテ口を閉め忘れたところへ座ったから、尻から落ちた。危ないなぁ、スクリューに巻き込まれたら体バラバラよ。いろいろついちゃったみたいだけど、無事でよかった。

ゴボウ

Yamagoya
Ryori-nin
10

ゴボウ、日々是好日

キンピラゴボウを作るたびに思い出すことがある。私が小学生のころの記憶だ。両親は戦中生まれ、戦後40年ほどの時代だ。

むろん私には、高度経済成長期の平和な日本の記憶しかないが、「ついこの間まで日本も戦争をやっていた」と言う祖父、祖母や両親の会話を聞くにつけ、子ども心にも戦争とはなにか、と関心をもたずにはいられなかった。私は小学生向けの本から悲惨な写真の載る大人の本まで、戦争について書かれた本を図書館で探しては読みふけった。

そのなかに、こんな話があった。戦時中、捕虜にゴボウ料理を作って出したら、木の根を食べさせたという理由で、戦後、その料理人がＢＣ級戦犯として処罰されてしまったというのだ。

どこまで真実かわからないが、おそらくゴボウを食べさせただけで罪に問われることはないだろうし、それ以外にもさまざまな理由や文化の違いによる行き違いがあったのだろう。確かにゴボウはちょっと

泥臭いし、木の根っこみたいではある。でも、キンピラにしたらとってもおいしいのに。

今朝も薬師沢小屋の朝食プレートのキンピラゴボウは完食だ。元気に出発するお客さんを見送り、平和で慌ただしい一日が始まることに、私はただ幸せをかみしめる。

埋没ゴボウ

ゴボウは保存がきくから山小屋にはうってつけの食材だ。洗ったものより泥つきのほうが断然もちがいい。洗いゴボウはあっという間に干からびて、中がスカスカになっていく。

ゴボウの保存の基本は、泥がついたまま乾かないようにすることだ。ポリ

袋に入れたままでもいいのだが、あまり長く放置するとカビが出る。そうならないように、まめに袋の口を開けて空気の入れ換えをしている。置いておくのは冷暗所。つまり土の中に近い状態にするのがよいのだ。

小技は土の中に埋める方法。山小屋アルバイトの下っ端だったころ、厨房長の指示で掘った穴にゴボウを埋めたはいいが、総数のチェックを怠ったため、残りの本数がまるでわからなくなったことがある。もうなくなったと思ったのに、後からまだ5、6本出てきたりもしたが、在庫管理さえしっかりすれば悪くない方法だ。

ただ、雨のなか掘りに行かなくてはいけなかったり、汚れたりして面倒くさいので、ポリ袋の中でいいのでは、と思う。いずれにせよ早く使うに越したことはない。それで私は暇さえあればキンピラゴボウを作り、小分けにして冷凍庫に放り込む。

さあ、延々と続くゴボウ切りの始まりだ。

ゴボウは続くよどこまでも

家庭で作るキンピラゴボウと違って、山小屋のそれは桁が違う。私はたいてい、太くて立派なゴボウを7本、ニンジンを3本切って、中華鍋に山盛りにしてキンピラゴボウを作る。その状態でゴボウを炒めていると、赤塚君が「一度にそんなに大量に作る人いませんよ、よくこぼれませんね」と言って笑ったものだ。

だって作る回数をできるだけ減らして楽をしたい。だが作るのが大量であるほど、切りもの作業は大変だ。包丁仕事に慣れないうちは、切ったゴボウが細くなったり太くなったりする。山小屋の先輩には、全部マッチ棒の太さにするようにと教わった。

1本の泥ゴボウを洗って切るのに10分。7本切って、ニンジンも切って、1時間半。炒めて味付けしてプラス30分。たいてい私は午後の休憩時間にこれを一人で済ます。

ゴボウを切るときの心構えは、山に登るときのそれと同じだ。遠い山頂に思えても、一歩一歩着実に歩んでいけば、必ず頂上に立てる。悶々となにかを考え続けるか、もしくは頭を空っぽにして鼻歌交じりで切り続ける。

思わず出る鼻歌は、「線路は続くよどこまでも」の替え歌バージョン、「ゴボウは続くよどこまでも」だ。「線路」の代わりに「ゴボウ」と歌うだけ。ランラランラーンと歌えば、仕事が大変だと感じずに済む。だからかな。君は幸せの垣根が低いね、とよく人に言われる。

確かに私も以前はもっと深刻に生きていた気がする。山に関わり続けたせいか、人間の力ではどうにもならないものがあるという感覚がしみついた。大変でもどうにかなるときにはどうにかなるものだし、どうにもならないときはどうにもできない。だから大変を大変と思うか思わないかなんて、たいした問題ではないことを知っている。

大変だったら歌えばいい。替え歌バージョンその2、「人生は続くよどこまでも」で、ランラランラーンと生きるのが、実は幸せの秘訣なのかもしれない。

乾燥ゴボウ

以前、シーズン終わりにゴボウが大量に余ったことがある。さて、どうしよう。頭を悩ませていたときに赤塚君から教わったのが、乾燥ゴボウだ。なるほど。乾燥ゴボウはスーパーマーケットでも見かけたことがある。

まずはゴボウを洗い、キンピラゴボウと同じように細く切って水にさらす。2、3回水を替えて灰汁《あく》を抜いたら、水けを切って天日干しだ。網に広げてひたすら乾燥させる。夜はストーブの近くに網ごと吊るして数日間。

カラカラに乾いたゴボウは乾燥剤と一緒にファスナーつきの袋に入れて、来年の小屋開けまで越冬だ。小屋を開けてまだ食材の乏しいころ、みそ汁に入れる。得も言われぬ鄙《ひな》びた味わいなのだが、実は私はあまり好きではない。なので、よっぽどのことがないかぎり、シーズン中に食べ切ることにしている。

たたきゴボウやゴボウサラダもいいが、私のおすすめはゴボウの唐揚げだ。ゴボウに下味を付けて片栗粉をまぶして揚げ焼きにするか、揚げたゴボウに好みの味を絡めればいい。いくらでもボリボリと食べられ、ビールも進む。この際、カロリーなんて気にしちゃいけない。今日もたくさん働いたと言い訳をすればいい。

ヨーグルト

Yamagoya Ryori-nin

11

ヨーグルト事件簿

「ヨーグルトってなにからできているの？」「ヨーグルトはね、牛乳からできているのよ」。私と兄は顔を見合わせた。やっぱり、思ったとおりだ。母が出かけてから、私たちは牛乳をコップにたっぷりと注ぎ、冷凍庫にそっと入れた。さて、どのくらい待てば固まってヨーグルトになるだろうか。

もう固まったかな？　もうできたかな？　何度か冷凍庫を覗きに行ったが、やがて遊びに没頭し、牛乳のことなどすっかり忘れてしまった。そのうち母が帰宅し、しばらく経ったころに「あなたたち、なにやってるの！」という怒鳴り声が台所から聞こえた。アッと慌てて2人で走って行くと、カチコチに固まった牛乳のコップを前に、母が腰に手を当てあきれ顔をしている。

「ヨーグルト、できなかったね」「うん」。兄は首をかしげながら頷いた。「牛乳からできているって本当かな」。結局、ヨーグルトの作り方はわからなかった。わかったのは凍らせた牛乳を溶かして飲むと、

牛乳
保存可能

とてもまずいということくらいだった。私3歳、兄4歳の夏の思い出。

山小屋で牛乳にヨーグルトを注ぎながら、もしもできるなら、あのころの私たちに教えてあげたいと思う。ヨーグルトはこうやって作るのだよと。

ヤマネ救出

ヤマネは雑食で、どうも甘酸っぱい匂いに惹かれるらしい。リンゴをかじったり（第9回）、以前はらっきょうの漬物もよくやられた。朝食用のらっきょうと梅干しを夜のうちに小鉢に入れて棚に置いておくのだが、朝配るときにらっきょうがなんというか散り散りになっている。あれ、らっきょうってこんなにバラバラしていたっけ?と思い、なにかおかしいと感じたので捨てて入れ替えた。その後、棚の隅でらっきょうの漬物をかじるヤマネを見つけてようやく気が付いた。以後、漬物の小鉢にはお盆でふたをするようになったが、その次にやられたのはヨーグルトだった。

まあヨーグルトがやられたというよりも、ヤマネがヨーグルトにやられたと言ったほうが正しいかもしれない。朝の従食用にヨーグルトを出そうとしたら、パックの中にヤマネが落っこちていて、首だけぴょこんと出してもがいている。目と目が合うと、物言わぬヤマネはそのグリグリとした大きな瞳で、私に助けてくれと哀願しているようだ。

パックを傾けて中身を別容器に空けようとしたらヤマネが頭までドブンと浸かってしまい、慌てて穴あきお玉を持ってきて救出した。ヨーグルトの冷たさで低体温症になったか、ヤマネは身動きがとれない。タオルで念入りに体を拭いてやったが、腹まで冷えたのか、白い下痢をして元気がない。

夜になってようやく回復し、ヨタヨタとどこかに行ってしまったが、このヨーグルトドボン事件は立て続けに2回起こった。さすがに早急に対策を立てねばならない。私はヨーグルト製造工場の建設に着手した。

ヨーグルト工場竣工

山小屋で使う牛乳には、常温での長期保存が可能なロングライフタイプを使用している。ヨーグルトを作る際は、1ℓの牛乳パックからあふれないように牛乳を少し出し、パック上部を全開にしてヨーグルトを注ぎ、よくかき混ぜてラップをして輪ゴムをかけ、2、3日棚に放置する。だが、これだけではヤマネがパック内に落ちてしまう。

なにか手頃なふたはないか。皿や木の板をのせてみたが、どうも不安定でしっくりこない。で、いろいろ試してジャストフィットだったのが、長期保存用豆腐パックの入っていた段ボール箱だった。ひっくり返して牛乳パックに被せると、ピタリと収まる。これだ。

ヨーグルト用の牛乳パックは、消費中のものと製造中のもの、2パックがある。それぞれに段ボール箱を被せて棚に置いておいたら、そうとは知らぬ従業員がさっそく床に落とした。「まさか中にヨーグルトが入っていると思わなくて……」。そりゃそうだ。

私は牛乳パックに被せた段ボール箱に大きく「ヨーグルト第一工場」「ヨーグルト第二工場」と明記した。そして第一工場には消費中のものを、第二工場には製造中のものを入れるよう周知し、ついでに責任者として工場長を任命した。選ぶ基準はそのシーズン一番のヨーグルト好き。おかげで工場は滞りなく稼働し、ヤマネが落ちることもなくなった。

空飛ぶヨーグルト

さて、最初のヨーグルトの「種」はいったいどこからやってくるのかというお話。

ヨーグルト製造工場

ヨーグルトを入れると肉が軟らかくなる!!

タンドリーチキン

普通に考えたら最初のヘリで上がってきそうなものだが、実は下界から歩荷リレーで各小屋に配給される。タイミングは太郎平小屋に山小屋のオーナーが入山するときだ。例年、7月後半の海の日の連休前になる。オーナーは毎朝ヨーグルトを食べるので、それをお裾分けしてもらうのだ。

ある年、7月前半に飛ぶ予定の物資ヘリが、雨天続きで海の日の連休直前まで飛ばなかったことがある。食料の供給なしに小屋がハイシーズンを迎えることなどできない、と天にも祈る気持ちだったが、ぎりぎりのタイミングでようやくヘリは飛んだ。

だが不運だったのは太郎平小屋。各小屋には物資が届いたにもかかわらず、太郎平小屋周辺だけにガスがかかり、最後までヘリが飛ばなかった。ところが、あわやその日のヘリ運航は終了という間際になって、奇跡的にガスが切れた。短時間だったのでヘリは1便しか飛ばなかったが、とりあえず1便飛んだので、食料はなんとかなっただろうと、よその小屋のことながら安堵していた。

ところが後から聞けばその1便のヘリは人送で、物資ではなくオーナーの乗る便だった。そしてオーナーの手には、大切に抱えられた小瓶入りのヨーグルトの種が……。

まあ、いちばん大切なものが飛んできたということで。

こぼれ話

薬師沢小屋のヨーグルト工場は夏になると稼働を始める。ヨーグルトは発酵が進みすぎると表面に黄色い膜ができ、チーズのような匂いになってしまうので、その年の消費具合をみながら生産する。フル稼働が続く年は、牛乳だけでなく上にかけるハチミツもすごい勢いで消費されるので、ヘリ荷の注文をうっかり忘れないように注意している。

小麦粉

Yamagoya
Ryori-nin
12

小麦粉で語る
故郷の味

子どものころから親の転勤で各地を転々としていた私には、故郷というものがない。年末年始の里帰りといっても、両親がいま暮らしているところに行って、住んだことのない家に「ただいま」と帰るくらいだ。

そんな私ではあるが、唯一、帰るたびに懐かしいと思える場所がある。それが薬師沢小屋だ。もう20年近く通っているから、そろそろ故郷と呼んでもいいかもしれない。私の心は黒部源流に育てられたし、会えば懐かしい顔も増えた。

毎年、山小屋には全国いろいろな地方からアルバイトがやってくる。それぞれに故郷があるので、よく生まれ育った土地の話題になる。観光名所、特産品、行事の数々。初めて聞く話も多く、興味津々だ。やがて興が乗ってくると、料理のできる人は「では今度、その郷土料理を作りましょう」なんて話になり、みんなで拍手喝采となる。

今回は小麦粉を使った郷土料理。郷土料理を食べると故郷を思い出すように、いつか彼らがこの郷土料理を食べたとき、薬師沢小屋で過ごした短い夏を思い出してくれるとうれしい。

ノンちゃんのおやき（長野県）

おやきは信州を代表する郷土料理だ。小麦粉とそば粉を水かお湯で溶いて練り、薄く伸ばして皮にしたところに季節の野菜など具材を置き、包んで焼く。昔は囲炉裏の鍋でおやきの表面を焼いた後、そのまま灰の中に埋め、蒸し焼きにして食べるのが一般的だった。

長野県出身のノンちゃんは、とびきりの料理上手だ。いつもパッパと手際よくバリエーション豊かな料理を作ってくれ、なにを食べてもこれがまたおいしい。そのノンちゃんが、おやきを作ってくれるという。長野県民にとっては当たり前のことかもしれないが、おやきを自分で作れるとは、私には驚きだった。

ノンちゃんは小麦粉をこねながら、包む具材について教えてくれた。

「なんでもいいんですよ。キンピラゴボウ、野沢菜、切り干し大根、ナスのみそ炒め、カボチャ餡。うーん、やっぱり肉じゃなくて野菜かな」

生地を休ませた後、今度は器用に皮を伸ばして具材を包んでいく。皮の中央に具材を置き、周りの皮を引っ張って真ん中でキュッと閉じる。閉じ目が開かないように、閉じ目側から熱したフライパンの上に置く。焼き目がついたらひっくり返して、反対側にも焼き目をつける。

あとは蒸し器で蒸すだけなので、多めに作ったら、この段階で冷凍してもいい。蒸し器がなければ、フライパン

ノンちゃんのおやきレシピ

〈皮の材料〉(10個分)

- 中力粉…250g
- ベーキングパウダー…10g
- 砂糖…30g
- 酢…2g
- ぬるま湯…100ml
- サラダ油…8g

〈おすすめの具材〉

- キンピラゴボウ
- ナスのみそ炒め
- 切り干し大根
- 野沢菜
- カボチャ餡
- きのこ
- あんこ, etc

私はそばが好きではないので
皮は小麦粉だけで作っています
具材はなんでもOK!!

① 中力粉, ベーキングパウダー, 砂糖を合わせる
② ぬるま湯, 酢, サラダ油を入れ, 箸で混ぜる
③ まとまってきたら, なめらかになるまで手で練る
④ ぬれフキンをかけて30分ほど休ませる
⑤ 皮を伸ばして具材を包む
⑥ 包んだ口を焼いて閉じる。両面に焼き目をつける
⑦ 湯気のあがった蒸し器で10～15分蒸す
(もしくはフライパンで蒸し焼きでもOK)

具材の包み方
皮を伸ばして
中央に具材をのせて
皮を引っ張りながら
ギュッと閉じます

蒸すときは、おやきの下にクッキングペーパーを敷くといいよ

で蒸し焼きにすることもできる。ホカホカのうちにいただくのが最高だが、冷めてもおいしいので、お弁当や行動食にしてもよい。

法度でござる（宮城県）

宮城県の北部、登米《とめ》地方出身の彼は「『はっと』という郷土料理を作りましょう」と微笑んだ。「はっと?」思わず聞き返すと、「そう、はっとです。ご法度のはっと」。そう言って名前の由来を教えてくれた。

伊達藩による藩政時代、米を食べることのできない農民たちが、小麦粉を練って茹でたものを食べるようになった。長年の工夫によりおいしくなったはっとだが、農民が米作りをおろそかにするのではと、領主がハレの日以外に食べるのを禁じたため、「法度」と呼ばれるようになったとのこと。

「たいていは汁に入れて食べますね。家庭でもよく食べます」。練った小麦粉を汁に入れて食べるなら、「すいとん」か「ほうとう」みたいなものかな。なんとなくイメージはついたので、調理しているところは覗かなかった。

夕食に出てきた「はっと汁」は想像どおり、小麦粉を練って薄く長く伸ばした形状のものが入った汁だった。だが食べた瞬間「おいしい！」と思わず叫んだ。顆粒だしにしょうゆベースなのだろうが、野菜の甘みがやさしく溶け出し、油麩もいいコクになっている。

「体が温まるね。お代わりください」。ストーブが欲しくなる9月の下旬というのも相まって、鍋いっぱいあったはっと汁は、みんなの胃袋にすっかり収まってしまった。登米地方の彼はニコニコしながら「また作りましょう」とうれしそうだった。

そのほかにも彼は、大学時代を過ごした山形の郷土料理、芋煮を作ると張り切って、大学時代の友人に頼んで材料を薬師沢小屋まで歩荷してもらった。

だが、下ごしらえをして材料を鍋に投入しているときに、まさかの里芋がないことに気が付いた。結局、芋のない芋煮になってしまったが、みんなで大笑いしながらおいしくいただいた。

がんばれ、やせうま（大分県）

今までのお話に2度ほど登場しているファーマー君。彼の地元は大分県だ。郷土料理はと聞くと「とり天と、やせうまかなぁ」と言う。「やせうま？」。聞いて思わず私は笑ってしまった。長身の彼は食べても太れないタイプで、まあ痩せた馬という感じでは全然ないのだが、私の中で痩せ馬とイメージがかぶってしまったのだ。失礼。ファーマー君は「なんか馬鹿にされた感じ」と少し気分を害したようだったが、「やせうま」について説明してくれた。

なんでも小麦粉を練って、太い麺のように伸ばし、ちぎって茹でたものらしい。それを冷やして、きな

粉をまぶすというから、団子のようなものだろう。

　ファーマー君が、やせうまは痩せた馬のことではない、と言うので調べてみると、平安時代、お寺へ参詣に向かう道中、小さな若君がおなかが空くと乳母の八瀬《やせ》に「うま」（幼児語で食べ物のこと）と言い、八瀬はそのたびにこの小麦粉を伸ばした団子を作った、とある。なるほど、「八瀬うま」か。

「大分県のソウルフードです。子どもでも知っています」。言いながらセッセと粉をこね始めたファーマー君であったが、なんだか思うようにいかなかったみたいで、仕上がったやせうまを前に首をひねっていた。私もいただいてみたが、「ふうん」としか言いようのない味。「違います、次はもっとちゃんと作ります！」と彼は慌てたが、以降まだ口にしていない。なんとかしてやせうまのおいしさを知ってもらいたい、と残念そうに言っていたので、そのうち機会があれば作ってくれるだろう。次回を楽しみにしているよ。

鶏肉

Yamagoya Ryori-nin
13

鶏肉と山小屋と赤塚君

モロッコはアフリカの北西部に位置し、地中海と大西洋に面した多民族国家だ。主にイスラム教の文化圏ではあるが、民族、文化、自然環境は多様であり、旅をしても飽きることのない、心躍る国の一つだった。そんなモロッコの、とある街の肉屋の店先で。

その肉屋は鶏肉と卵を扱っていた。肉屋といえば日本では衛生的なガラスのショーケースに肉が並んでいるのが当たり前だが、ここの店先にあるのは電源のないショーケースだった。軒先には絞めて毛をむしり取られた鶏が丸のままぶら下がっていて、私は思わず目を奪われ、立ち止まった。

狭い店のショーケースの向こうを覗いてみると、奥の囲いの中には20～30羽くらいの鶏がコッコッコッと押し合いへし合いしている。隣の囲いにも小さくてふわふわの黄色い羽毛に包まれたヒヨコが、ヒヨヒヨヒヨとこれまた押し合いへし合いしている。まぁ、なんてかわいらしい。

SMOKE
桜 WOOD

眺めている私の横で、店主が一羽の鶏の首根っこをむんずとつかみ、断末魔の叫びを上げる哀れな鶏の首を、ためらうことなくスポーンと飛ばして血抜きを始めた。鶏、卵、ヒヨコ、生と死の循環。なるほど、鶏肉を食べるとき、私はこの生命の循環をいただくということを思い出さねばならぬ。

肉なし小屋の事情

当山小屋グループには「肉なし小屋」と呼ばれる小屋が２つある。高天原山荘とスゴ乗越小屋だ。なぜ肉なしかというと、２つの小屋には冷凍庫がなく、生肉を保存する手段がないからだ。野菜の種類も限られるなかで、工夫しながらよくやっているなと感心する。従

忙しい日の簡単従食鶏料理
鶏肉の柚子胡椒炒め
サラダ油
②フライパンに油を引いて炒める
①鶏肉を火の通りやすい大きさに切る
塩
しょうゆ
長ネギ
柚子胡椒
酒
④火が通ったら、長ネギ、柚子胡椒を入れ、塩、しょうゆで味付けする
③半分くらい火が通ったら、酒を入れてふたをして蒸し焼きにする
忙しいときは、モリモリ食べて
疲れた…
まじで
楽しく呑んでとっとと寝よう
鶏肉のチリマヨソース
塩
胡椒
②小麦粉を表面にまぶす
①鶏肉を一口大に切り、塩、胡椒をする
サラダ油
③油を引いたフライパンに皮目から並べ、両面焼いて火を通す
←弱中火
あさつきやパクチーを散らしてもGOOD!!
マヨネーズ
スイートチリソース
⑤焼き上がった鶏肉にソースをかける
④マヨネーズとスイートチリソースを混ぜる

業員の大半は、ひと夏が終わるとほっそりと痩せて帰ってくる。ダイエットをするにはいいかもしれない。

とはいうものの、若い従業員たちは「肉が食いてー」と常々思っているようなので、冷凍庫のある薬師沢小屋から時々、お隣の高天原山荘に肉を送っている。送る手段は当然人力で、小屋の関係者か常連さんが高天原に行くときに持っていってもらうのである。だがあちらには冷凍庫がないので、大量には送れない。鶏肉だったら2枚くらいまでにとどめている。

生肉よりは日持ちするだろうと、薬師沢小屋のメインディッシュである豚の角煮の冷凍を送ることもあれば、鶏肉の燻製を作って送ることもあった。

簡易燻製器と燻製チップは私物を上

げたもので、厨房のコンロに設置して鶏肉を燻した。だが煙のほとんどが天井の隙間から真上のカイコ部屋に流れてしまい、2階が大変なことになった。これでは鶏肉だけでなく、布団とお客さんの燻製までできてしまう。

以来、燻製はお客さんが少ない秋の平日、勝手口の裏にある、洗い湯を沸かすための通称・地獄釜のコンロを使うようになった。これにて一件落着。

鶏肉好きな赤塚君

かつて共に働いた赤塚君は鶏肉が好きだった。だからといって牛肉や豚肉が嫌いなわけではない。牛肉のステーキやカルビなんて大好きで、血が滴るようなレア肉をうれしそうな顔でペロリと食べていた。ではなぜ鶏肉が好きかというと。

好きな食べ物は?と彼に聞いてみるといい。「チーズケーキと杏仁豆腐と鶏肉」と答えるだろう。ほかにもウナギだとか納豆だとか、好きなものはたくさんある。だが人生において「好きな食べ物は?」と何度も聞かれ、そのたびにいちいち考えるのが面倒くさくなり、あるときから「チーズケーキと杏仁豆腐と鶏肉」と答えることに決めたそうだ。

言うだけあって、私が今まで従食で作った鶏肉料理は、なにを作っても喜んで食べてくれた。ただ一つ、たった一品の鶏肉料理を除いては。

赤塚君の食べられなかった鶏肉料理は、モレ料理だ。モレとはメキシコの伝統的な言葉で「複数の材料をすりつぶして作るソースのようなもの」という意味だ。チョコレートのソースをはじめ、さまざまな種類がある。メキシコの国民的料理で、モレの種類ごとに色や味わいが違い、調理方法もそれぞれだ。

山小屋から下りた後、私がメキシコを訪れた際、ぜひともモレ料理を味わってみたくて、さまざまなモレ料理を提供しているビュッフェ形式のレストランに行ってモレ料理を食べた。率直に言わせてもらえば、私にとってはいまひとつ味覚に合わないなぁ、という感想だった。

初めて体験した新しい味に、私の心は判断しかねていた。それでも珍しい不思議な味だったので、市場に出かけてモレの材料がミックスされた粉を何種類か購入した。とにかく日本に帰ったらこれでまたモレ料理を作ってみよう。

スペイン語の辞書を引き引き、同封の調理方法を解読し、私は「これだけ?」と思わずつぶやいた。粉を水で溶いて鶏肉と一緒に煮る。本当かな。これだけであの複雑な味わいが再現されるとはとうてい思えない。なんだかおいしくなさそうだな。

一人で食べても味の判断がつきかねると思い、私はモレの粉を山小屋に上げ、鶏肉の好きな赤塚君に食べてもらうことにした。不安な気持ちのまま調理した鶏肉のモレ煮込みは、私がメキシコで食べたモレ料理を下回るくらい、なんともいえない味になった。

出来上がったモレ料理を口にした彼は、思わずウッと顔をしかめ、「確かに、いいんだか悪いんだかわからない味ですね」とうめいた。「やっぱりこれ、おいしくないよね?」。私が確かめると、「僕、鶏肉を普通に炒めただけのほうがいいです」と悲しげな顔をされた。「わかった。これ洗って炒め直すわ」

モレには申し訳ないが、私は鍋の中身をザルに空け、水でザアザアと流した。モレを洗い流した鶏肉をフライパンで温め直し、塩・胡椒をして、再び食卓に並べた。

モレの味が多少は染み込んでいたが、彼は「これなら食べられます」と鶏肉を頬張った。そして感慨深い面持ちで「食べられない料理ってあるもんですねぇ」とつぶやいた。しかしながらモレ料理は食べているうちに癖になるそうなので、私もメキシコ人のようにちゃんとおいしいモレ料理を食べ続ければ、いつか味の虜になるかもしれない。

玉ネギ

Yamagoya
Ryori-nin
14

生で辛く、
炒めて甘く、
傷んで臭い

山小屋でも下界でも、私にとってのナンバーワン食材は玉ネギだ。玉ネギを切らすことはまずないし、切らすと普段作るメニューの多くが制限されてしまう。山小屋の夕食メニューでも野菜炒めやサラダに使っているし、従食のカレーライス、親子丼、チャーハンに入れるなど、使う頻度の高い食材だ。

また、玉ネギには血液がサラサラになるアリシンという成分が含まれる。高所では血液がドロドロになりがちなので、充分な水分摂取に加え、玉ネギを食べることは理にかなっているのではないかと思う。ただ、むやみに生食をすると胃によくないので、玉ネギをかじりながらの登山はおすすめできない。

これほど有能な玉ネギだが、過去に

玉ネギを食べられない従業員が一人だけいた。カレーライスに入っている玉ネギは大丈夫だが、サラダやみそ汁、炒め物に入っているのはダメで、長ネギもダメだった。みんなの食事を一度に作るため、玉ネギを入れないようによそうのも難しく、入ってしまった分は本人が傍らによけていた。共同生活の食事で各人の好き嫌いに対応するのは難しいが、その人に合わせて工夫して調理してみるのは、いい勉強になる。

越冬隊に春が来た

6月下旬、太郎平小屋に中期のアルバイトが上がってくると、いよいよ北アルプス奥地の薬師沢小屋、高天原山荘、スゴ乗越小屋と、各方面の小屋へと従業員の移動が始まる。小屋開けに際して、ヘリの物資輸送までのつなぎの食料として、野菜や肉、卵などの生鮮食品は太郎平小屋から担いでいくことになる。

小屋開けのころは生鮮食品も多少は使うが、基本は前年度の残りの乾物と缶詰類を主にして、歩荷したものはできるだけお客さんが来たときのためにとっておく。従業員は時々そのへんに生えている食べられる葉っぱを摘んで、ビタミンを補給する。おひたしにするくらいあれば豪勢だが、天ぷらにするのが手っ取り早くておなかも膨れる。

食べられる葉っぱを新人に教えたはいいが、一人で摘みに行かせたら、出てきた天ぷらによくわからない葉っぱが多数混入していたことがある。自然界に生えている植物の10種に9種は食べられるといわれるので、試しに食べてはみたが、味わいがなかった。衣を食べているのと、たいして変わらない。

短い期間ではあるが、小屋開けのころの粗食もおもしろいものだ。ここで登場するのが「玉ネギ越冬隊」。昨年の秋の小屋閉めから約8カ月間、厨房にぶら下げておいた玉ネギの隊員たちだ。窓には雪囲いがしてあったので、冷暗所と言っていい。厳冬期には冷凍庫だったかもしれないが。

　この状況を目にした新人は驚愕したが、私にとっても初めての実験だったから、食べられるかどうかはわからない。触ってみてグニャリとしたものは越冬失敗だが、半分くらいはなんとかいけそうだ。さすがに生はやめましょう、と言われたので火を通すと、一応食べられた。だが玉ネギの味はすれど薄いというか、別にここまでして食べる必要もないね、というのがみんなの感想だった。

　そんなわけで「玉ネギ越冬隊」は第1次隊で終了。長い冬の間、お疲れさまでした。

危険な臭いのする話

　本能的に嫌な臭いというものがある。これは生命維持のために、人体に害を及ぼす可能性のある臭いを察知する能力だ。山小屋の厨房での嫌な臭いというものもあり、まずは物の焦げる臭い、食べ物の腐った臭い、カビの臭いなどが挙げられる。

　特に私は野菜の腐る臭いに神経質になった。野菜の入った段ボール箱が並ぶ勝手口でコバエの一匹でも飛んでいようものなら、クンクンと犬ばりに鼻を利かせて怪しい段ボール箱を嗅ぎつける。一つでも傷みが始まったら周りの野菜に広がるので、発見すればすぐに取り除く。

　腐った野菜のなかでも特に臭いの強烈なのが、玉ネギと長ネギだ。鼻をつくような不快な臭いがする。プロパンガスなどは、わざとこの玉ネギの腐ったような臭い、主にメルカプタン類やスルフィド類の含硫黄化合物で着臭している。

　厨房で玉ネギの腐った臭いがしたら、まずはプロパンガスの漏れを確認し、それから玉ネギと長ネギをクンクン。この順序が正解。

時間の流れの違い

だいぶ前のことだが、薬師沢小屋へアルバイトに来た男性で、とてもゆっくりとした人がいた。ゆっくりというより、一つ一つの作業が丁寧だったというべきか。掃除にしてもなんにしても丁寧にやってくれるから任せられるのだが、なかなか終わらない。厨房では野菜炒めの材料を切ってもらっていたが、まず玉ネギの皮むきが終わらない。ようやく終わっても、今度は切り終わらない。最後に炒めやすいよう一枚一枚ペラペラと剝がすのだが、適当でいいよ、と言っても、その適当というのが気持ち悪いみたいで、最後の一枚までキッチリ剝がす。なるほど。

生き物には、おのおのに時間感覚がある。ゆっくり生きる生き物、せかせか生きる生き物。その生き物にとって〝当たり前〟な時間の流れ方、使い方。むろん個体差もあるだろう。人という種だって同じ

だ。私にとっての当たり前のスピードは、彼にとっての当たり前のスピードにはならない。

彼のおかげで私は学んだのだ。そして赤塚君とも事あるごとに驚嘆しつつ、二人で申し合わせた。私たちには従業員の性格のフォローはできないけれど、仕事のフォローはできる。彼は非常に真面目な人だったから、あとは進まない分の作業をみんなでやればいい。みんなで力を合わせて、全体として完成すればいいのだ。

私の厨房でのスピード力は、このとき鍛えられたと言っても過言ではない。

こぼれ話

プロパンガスには玉ネギの腐った臭いが着臭してあると書いたが、あるとき厨房に入るとこの臭いがした。一人で厨房作業をしていた従業員に「ガスが漏れてるよ！」と言ってガスの栓を慌てて閉めたが、実はこの従業員、以前コロナにかかって鼻が利かない状態だった。危機一髪。

厨房エッセイ

思い出の山小屋おやつ

20年前、薬師沢小屋のおやつといえばホットケーキが定番だった。ホットケーキミックスに牛乳と卵を入れてフライパンに流し込み、焼きあがったら貴重なバターとハチミツを遠慮がちにかけていただく。私もまだ若く、いつも無性におなかが空いて、甘いものにも飢えていた。お客さんのプレートにのせる甘い煮豆を、こっそりつまみ食いすることもままあった。

赤塚君が支配人になってからは、彼が冬の間コンビニで働いていたこともあり、自分が勤務する店舗で買ったお菓子や酒のつまみを大きな段ボール箱いっぱいに詰めてヘリ荷で上げてくれたし、常連さんにいただく菓子折りも徐々に増えて充実していたので、煮豆をつまみ食いするようなことはなくなった。確かにおやつが切れてしまうことはあったが、ちょっと寂しいな、くらいにしか思わなくなった。さて、そんなある日。赤塚君が不思議そうな顔をして菓子折りを持ってきて、お茶の時間に出してくれた。「生八ツ橋だ！　誰からいただいたの？」と聞くと、「いや、それが初めて薬師沢小屋に泊まるお客さんなんですよ」と首をひねる。なんでわざわざ山の上まで持ってきてくれたのかね、と不思議がりつつみんなでいただいた。せっかくだからお礼をしようということになり、私が紙にイラストを描き、裏にみんなでお礼の言葉を書いて渡すことにした。

翌朝、お土産をくださったお客さんにお礼の手紙を持っていくと、お客さんはうれしそうに手紙を受け取り、ニコニコしながらこんな話をしてくれた。「実はね、私も若いときに山小屋でアルバイトをしたことがあるんですよ。そのときにね、お土産に生八ツ橋を持ってきてくれたお客さんがいてね、それがとてもおいしくて、うれしかったんです」

なるほど、と合点がいった。そのときのお礼の気持ちを、今こうして返しにきてくださったのだ。人からしてもらったことや親切は当人に返さなくてもいい。けれどもその気持ちはどこかでまた別の人に返していかなくてはいけない。さてさて私は人様からの親切のかたまりで生かされているようなものだ。この先一つ一つ、大切にお返ししていかなければいけないね。

タケノコ

Yamagoya Ryori-nin
15

春の味覚をいただきます

チシマザサ。大型のササの一種で、ササ属で最も北に分布し、主に高山地帯に生育する。地方によって、ネマガリタケ、ヒメタケ、ホソタケなどの呼称をもつが、富山県ではススタケと呼ばれている。

ススタケのタケノコはアクが少なく味わいがあるので、富山県民のうち一部の山好きは、春になるとススタケ採りに夢中になる。大きなザックを背負ってススタケの生えた山の斜面を一日這い回ると、ザック一杯では収まりきらず、両手にもポリ袋を抱え、それはもう重たくて、という地元の人の話を聞いたことがある。

大量に採れたススタケは茹でて皮をむき、熱湯消毒をした瓶に詰めて保存する。いわゆるタケノコの水煮というやつだ。消毒がうまくいけば1年は保存が可能なので、次の春が来るまで楽しめる。なるほど、どれだけ大量になっても、まだまだとススタケを採りたくなる気持ちがわかる。

だが、ススタケ採りに夢中になるのはわれら人間

タケノコ

だけではない。春、冬眠から覚めておなかを空かせたクマにとってもまた、ススタケは最大のご馳走だ。ササヤブの中でバッタリ出合わないために音を鳴らすだけでなく、クマにお裾分けをしてもらう気持ちを忘れずにススタケ採りをしよう。

サバ缶と常連さん

私が薬師沢小屋に通いだすもっと以前から、薬師沢小屋に通う2人の常連さんがいた。来なくなったら死んだと思ってくれ、と常々言っており、ここ何年も顔を見ない。最後に会ったころは体力的にもう無理だな、とも言っていて、まさか死んだとは思えないが、今もどこかで元気に暮らしているだろうか。

毎年、薬師沢小屋の小屋開けとともにやってくる常連さんだった。7月1日の営業日前に来てしまうことがあり、こちらもまともな食事が提供できないなか、イワナ釣りに宴会にと本当に楽しそうに過ごしていた。2人でお酒を飲みながら、何度も同じ話をして、何度もゲラゲラと大笑いをしているので、一緒にいる私たちもそのたびに大笑いしたものだ。

その2人の常連さんがいつも持ってきたのが、折立登山口付近で採ってくるススタケと、サバのみそ煮缶だった。「一緒に煮るとうまいんだ。やまっちゃん、作ってくれ」と渡されたものだ。

私はサバ缶と茹でたタケノコにしょうがの千切りを少し入れ、みりん、みそ、しょうゆで味を調えてコトコトと煮た。そんな晩の夕食は、ススタケとサバ缶の煮物、焼きススタケ、イワナの刺し身、塩焼き、骨酒、常連さんの持ってきてくれたお酒とおつまみというのが定番だった。採ってきたばかりのススタケは、春の香りと甘みが口中に広がり、シャキシャキとした食感も加わり、食の幸せの極みといったところだった。

2人の常連さんはもう来なくなってしまったけれど、春、ススタケをポキンと根元から折るとき、サバ缶と一緒にして煮るとき、私はいつも2人のことを思い出す。春の息吹と、2人の笑顔と、変わらぬ薬師沢の渓を思い出す。私たちに幸せな食卓を分けてくださり、本当にありがとうございました。

ワンゲルカレー

山小屋で調理に使うタケノコはススタケではなく、普通に街で売っているタケノコの水煮パックだ。今は客食の野菜炒めの具材として使っているが、もちろん従業員の食事でもなにかと重宝する。土佐煮、中華丼、青椒肉絲《チンジャオロースー》、一番人気はタイのグリーンカレーか。

グリーンカレーは私の十八番で、学生のころから下界でもよく作っている。大学時代は美大のワンゲル部に所属していたのだが、秋の芸術祭でワンゲル部が屋台で販売するのがこのグリーンカレーだった。当時、アジアンフードは今ほど巷に出回っておらず、先輩の作ったグリーンカレーなるものを初めて食したとき、私のなかでカレーの概念がひっくり返ったのを覚えている。

グリーンカレーは青唐辛子やレモングラスなどのスパイスが入ったグリーンカレーペーストをベースにして、鶏肉、ナス、タケノコ、フクロタケ、ピーマンをココナッツミルクで煮込み、ナンプラー（魚醤）で味付けをしたタイの定番料理だ。ココナッツの甘さとコク、そしてカレーの辛みと刺激が混じり合い、一度食べたら虜になること請け合いだ。

新入生だった私は芸術祭の3日間、ひたすらグリーンカレーを作り続けた。売り上げは部の装備や備品を購入するための資金になるのだ。大量のグリーンカレーを仕込むうちに、私の体にはアジアンな香りと共に、そのレシピが染み込んでいった。

今でも従業員からリクエストがあると、ついこの間まで学生だったような気分に浸りながら、私はグリーンカレーを作る。

〜春の味覚〜 ススタケ まずは下処理
火が通りやすくなり、皮もむきやすくなる
cut
cut
①ススタケを洗い、先端を切り落として包丁を入れる
②水から茹で、沸騰後10〜15分煮る
③火を止めて茹で汁のまま冷まして皮をむく。保存するときは水に浸ける
ススタケの天ぷら
縦半分に切ったススタケに薄力粉をまぶし、衣をつけて揚げる
ジュワーーン
丸のままだと爆発する危険アリ
アクが少ないから
天ぷらにするときは、皮をむくだけで下処理不要です
焼きススタケ
皮が茶色くなったら出来上がり
ススタケを皮ごと網の上か、グリルで焼くだけ
ススタケのサバ缶煮込み
サバ缶、ススタケ、しょうがに水を足し、酒、みりん、しょうゆ、みそを入れて煮込む。できたら一度冷まして味を染み込ませるとGood!!
しょうがが効いているね!!

魔女のスープ

タケノコではないが、水煮つながりでどうしても触れておきたい一品がある。それはレンコンの水煮だ。なぜレンコンかというと、私の人生で初めて食べられない料理を作った素材が、それだったからだ。

その年、初めてヘリで荷上げした食材だった。私はレンコンが好きなのでワクワクして煮物を作ったが、おいしくなかった。シャキシャキ感がまるでなく、保存料のためか酸っぱいような味もする。キンピラにしても天ぷらにしても、なににしてもおいしくない。なので、シーズン終わりに大量に余ってしまった。

ワンゲル部伝統タイ グリーンカレー
しめじ or フクロタケ
タケノコ
ナス
水
コンソメ
材料
・鶏もも肉
・ナス
・タケノコ水煮
・フクロタケ缶詰 or しめじ
・ピーマン
・グリーンカレーペースト
・ココナッツミルク
・コンソメ
・ナンプラー
グリーンカレーペースト
サラダ油
③ピーマン以外の具材と水、コンソメを入れて軽く煮る
①油を入れた鍋を熱し、グリーンカレーペーストを入れる。香りが立つまでよく炒める
ココナッツミルク
ピーマン
ナンプラー
ご飯の代わりに、タイビーフンにかけて提供します。
MAWV
④ココナッツミルクとピーマンを入れる。ナンプラーで塩味を調整して、出来上がり!!
武蔵野美術大学芸術祭は、毎年10月末に開催されます。さまざまな展示に催し物、模擬店など、美術大学ならではのおもしろさにあふれています。芸術家たちの祭典へぜひお越しください!! ワンゲルカレーも食べてね!!
ココナッツミルクは、煮立てすぎると分離するので注意!!
②鶏肉を加え、ペーストがからんで味が入るように表面が茶色くなるまで炒める

なんとか消費しようと、私はレンコンの水煮でスープを作ることにした。フードプロセッサーに入れて回すと、レンコンはドロドロと粘る灰色の液体になった。これはヤバイと思いつつも、なんとかせねばと水と調味料を足したが、元々の味が消えるわけではない。ああでもない、こうでもないと格闘するうちに、レンコンスープは絵の具を全部混ぜたような色になり、得体の知れない臭気を放った。ボコリボコリと沸き立つ怪しいスープ。それはまずさを超えたとんでもない料理になり、誰も食することができなかった。

　そして顔をしかめながら赤塚君が口にした言葉が、この料理の名前になった。「これは魔女の作るドロドロしたあれですね。魔女のスープ」。

弁当

Yamagoya
Ryori-nin
16

山小屋弁当
いまむかし

当グループ山小屋従業員の外作業弁当といえば、おにぎり一択だ。その日の作業内容に合わせて各自がおにぎりの数を申請し、それにおやつを少しと水筒を持って出かける。

ところが赤塚君はおにぎりがあまり好きではない。外作業の日だというのに、おにぎり1個でいいと言う。お昼をあまり食べたくないのかと思っていたら、折り詰め弁当なら食べられると言う。

それからは保存容器にご飯とおかずを詰めるようにした。おにぎりだと2個持たせると1個は持って帰ってくるのに、折り詰めだと残さずきれいに食べてくる。私は作業用弁当に、余ったご飯をギュウギュウ詰め込むようになった。大きな保存容器におにぎりを3つも4つも詰め込んだくらいの量だ。

それでもきちんと食べてくるからと調子に乗って続けていたら、あるとき「さすがに多すぎます」と困り顔で訴えられた。思わず噴き出したが、翌年、私は100円ショップで適正サイズのお弁当箱を買い、山小屋に上げた。どんなに詰め込んでも「これならちょうどいいです」と赤塚君はにこやかだったから、いい買い物をしたかなと思っている。

おにぎり地獄

私が太郎平小屋で長期アルバイトとして働いていた20年前、お客さんに渡す弁当は、おにぎりが2つ入っていた。お客さんが300人を超えると、朝食代わりの弁当と昼の弁当が合わせて100食を超えることもざらだった。つまり、おにぎり200個以上を夕食後に渡せるように作らなければならない。

コロナ禍以降のように完全予約制ではなかった当時は、その日にいったい何人のお客さんが来るか正確な数はわからない。予約人数に加え、折立に到着するバスに何人の登山者が乗っていたかをバス会社に問い合わせ、予測を立てる。おにぎり弁当も夕食準備が始まる前に見切りで50食くらいは作ってしまう。

夕食の提供時間のころには弁当の数も確定するので、残りのご飯に加えて、足りない分をぴったり炊いておにぎりを作る。そうすれば、朝食でまた炊きたてご飯を提供できるのだ。

いよいよ皿洗い部隊と弁当製造部隊に分かれて、おにぎり作りが始まる。厨房には大量の弁当を作るスペースはないため、厨房奥のストッカーの上が臨時作業台になる。一つ一つ手で握っていては時間がかかるので、木型を利用する。横長の木型には、おにぎりの型が5個1列に並んでいる。

木型をサッと水で濡らし、ご飯をスパパパパとおにぎりの型に放り込み、具をストトトトと中心に置いて、その上からまたご飯をスパパパパ。のせたご飯を軽く押さえて、パンッとひっくり返して型から外せば、一気に5個のおにぎりが抜ける。おにぎりはバットに移し、移した先からまた別の人間が海苔で包んでパックに詰めていく。2人1組が2組で、おにぎり2種類をそれぞれ競うようにして作っていく。愛情を込める暇もない。人の形をしたおにぎり製造マシーンだ。

だがそれも過去の物語になった。今や太郎平小屋の弁当は、冷凍食品の太郎寿司。竹の皮で包まれた棒状のちらし寿司を蒸し器で蒸すだけなので、圧倒的に楽になった。山の上も便利な時代になったものだ。

薬師沢小屋折り詰め弁当

薬師沢小屋でも、私が初めて入った20年前は折り詰め弁当を作っていた。太郎平小屋よりもさらに小さい厨房で、多いときで50食以上の弁当を出していた。お客さんは１００人超え、従業員は総勢4人。今から思えばよくやっていたものだが、まあ山小屋ってこんなものなのか、くらいにしか思っていなかった。

弁当の中身はご飯に梅干し、佃煮と焼いたハムステーキ、煮豆といった、山小屋ではありふれたものだった。

厨房の台の上にズラッと並んだ弁当の粗熱がとれると、プラスチックのふたをのせて包み紙でくるむ。ここにちょっとした技があって、四角く切った包み紙の中央に、上下ひっくり返した弁当をパンッと置く。裏側で紙を合わせてセロハンテープで留めると速くきれいに包めるのだが、ひっくり返すときにもたつくと、逆さにした弁当からおかずが転げ出る。パンッパンッと手際よく弁当を包んで輪ゴムをかける先輩たちの姿が、私の目にかっこよく映ったものだ。これも今や過去の物語。

おにぎり製造工程

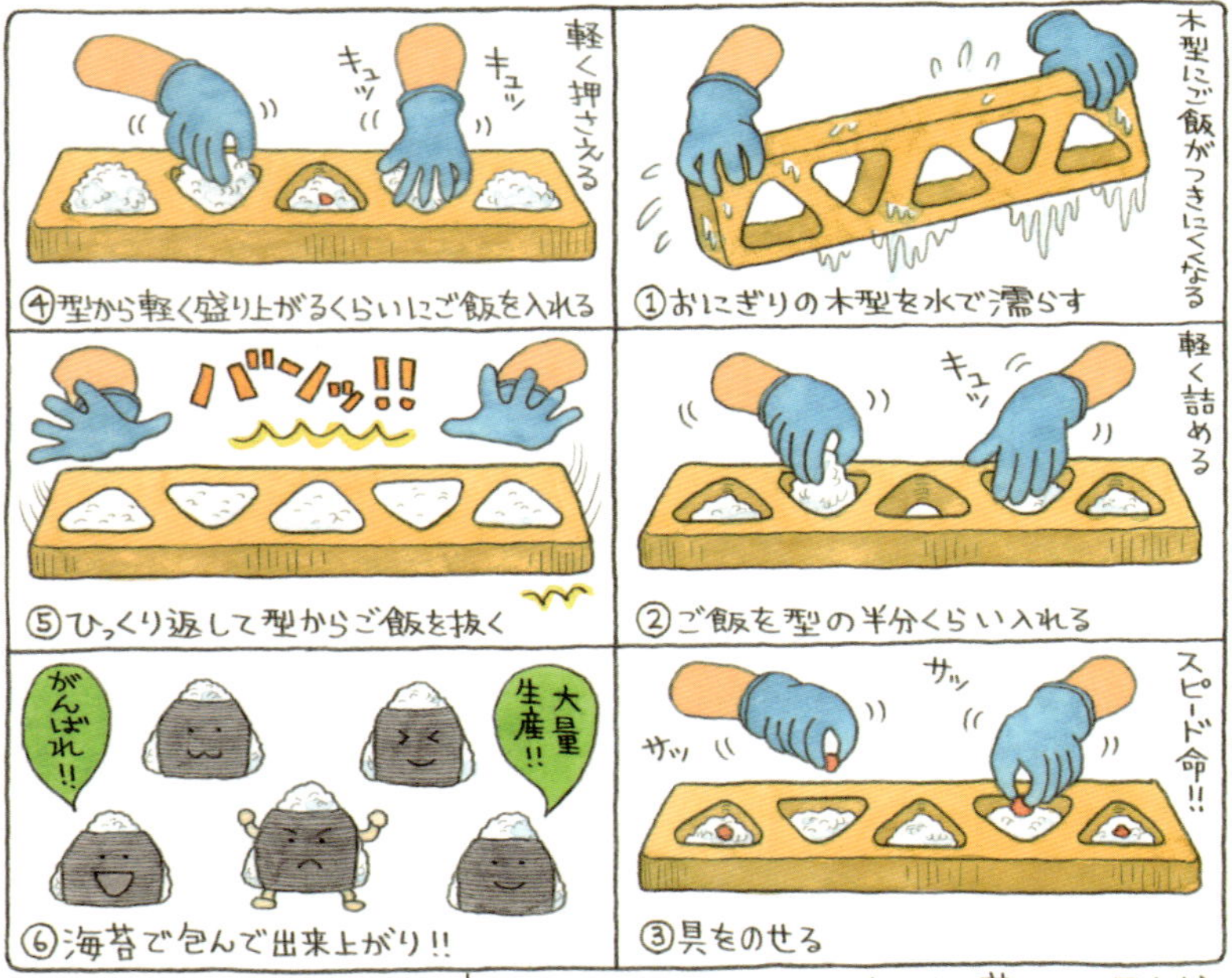

木型にご飯がつきにくくなる
①おにぎりの木型を水で濡らす
軽く詰める
キュッ
②ご飯を型の半分くらい入れる
スピード命!!
サッ
サッ
③具をのせる
軽く押さえる
キュッ
キュッ
④型から軽く盛り上がるくらいにご飯を入れる
バーンッ!!
⑤ひっくり返して型からご飯を抜く
大量生産!!
がんばれ!!
⑥海苔で包んで出来上がり!!

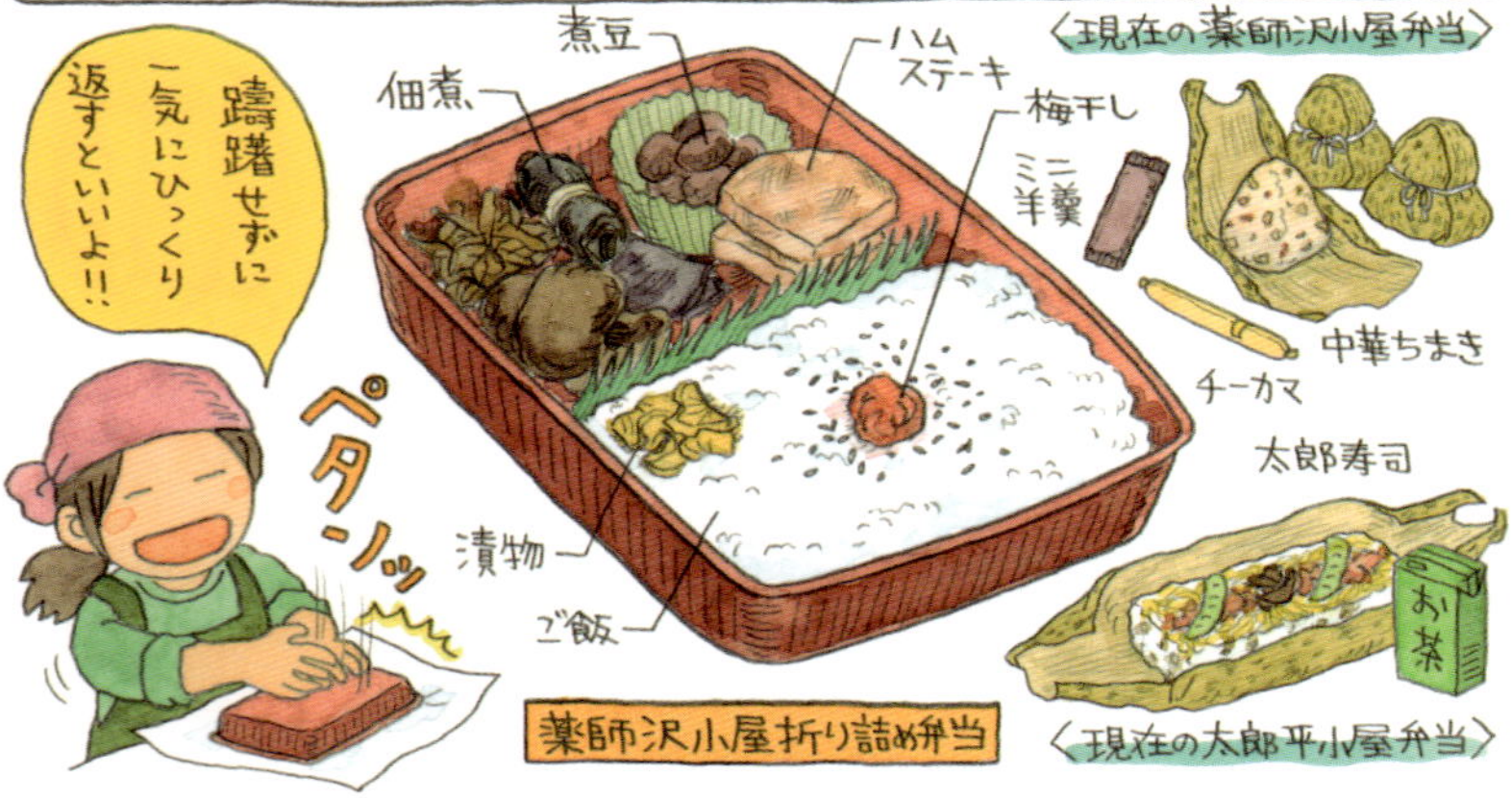

〈現在の薬師沢小屋弁当〉
煮豆
ハムステーキ
佃煮
梅干し
ミニ羊羹
漬物
ご飯
薬師沢小屋折り詰め弁当
躊躇せずに一気にひっくり返すといいよ!!
ペターンッ
中華ちまき
チーカマ
太郎寿司
お茶
〈現在の太郎平小屋弁当〉

包みは竹の皮

現在、薬師沢小屋の弁当には、中華ちまきを用意している。太郎平小屋の弁当と同様に冷凍食品で、蒸し器で蒸すだけなので手間がない。小ぶりのサイズであるため、3つで1人分。小分けにして食べられるのがよいと好評だ。以前はこれに紙パックのお茶をつけていたが、たいていの人は水筒を持ってきているので、やめてチーカマとミニ羊羹に変えた。

中華ちまき弁当で楽にはなったが、問題は冷凍庫でスペースをとる点だ。太郎平小屋と違って、薬師沢小屋は狭い。これ以上、冷凍庫を増設するスペースを作るのは難しい。荷上げの物資ヘリが来るたびに冷凍庫はあふれ返り、入りきらなかった冷凍食品は発泡スチロールの箱に詰められる。それを毎晩、私は冷凍庫の中のものと入れ替える。順々に回して溶けないようにするのだが、とにかく面倒。一度、冷凍食品の品数を見直す必要がある。

そういえば太郎平小屋の太郎寿司弁当も薬師沢小屋の中華ちまき弁当も、ほぼ同時期にメニューを変更したのだが、お隣の山小屋、雲ノ平山荘の伊藤二朗君とこんなやりとりがあった。中華ちまき弁当を持って雲ノ平に遊びに行ったとき、たこ糸でくくった竹の皮を開いて私が取り出した中華ちまきを見た二朗君が、おお、とうなった。「最近、どうして竹の皮がごみ箱に入っているのか不思議に思っていたんだ」「ええ？　そっちに捨てられてた？　ごめん」。二朗君、苦笑混じりに「いや、いいんだ。竹の皮は、よく燃えるからさ……」。

山小屋の焼却能力には限界がある。特にお弁当で食べきれなかったおにぎりなどは、なかなか燃えてくれずに苦労する。もしできることならば、弁当の残りやガラは持って帰っていただけるとありがたい。山小屋で働く人間の立場から、この場を借りてお願いします。

納豆

Yamagoya Ryori-nin

17

世界最強、納豆菌の力

納豆は好きですか？　日本人の多くは納豆が好き、とまでいかなくとも、食べられる人が大半だ。しかし納豆特有の匂いが嫌いで食べられない人は、山小屋従業員にもいる。彼が眉をひそめながら決まって言うのが、「それ、腐ってますよ」だ。いや、腐っているのではない、発酵しているのだ。

納豆菌は枯草《こそう》菌の一種で、稲わらに多く生息する。乾燥、熱、酸に対する耐性が強く、100度以上や0度以下、放射線が強い宇宙空間でも生き続ける、世界最強の有用菌だ。その強さゆえに、酒蔵、みそ蔵、しょうゆ蔵、パン工房、チーズ工房など、麹菌や酵母を扱う場所に持ち込んではいけない。

納豆菌は健康にもいい。だが「納豆は体にいいんだよー」と言っても、嫌いな人間にとってはただの臭い食べ物だ。自分が食べないだけでなく、周りの人間が納豆を食べているだけで逃げていく。ヘリ日に上がってきた貴重な納豆に「生卵もかけちゃう？」とか言いながらキャアキャアしている私を睨みつけ、

禁煙

嫌な顔をして一人向こうのテーブルに移動し、「俺、こっちで飯食います」と不快感をあらわにしていた。

彼はヘビースモーカーで猛烈な甘党で、小屋のお菓子をすべて食べ尽くしていった。今頃、健康を害していないかしら。身体を大切にしなさいねと、ふと母親みたいなことを言いたくなる従業員だった。

干し納豆と小池さん

私が薬師沢小屋で働くようになる以前にも、たくさんの従業員がこの小屋で働いていたが、そのなかにレジェンドと呼ばれる「小池さん」という人物がいた。小池さんは薬師沢小屋で20年、高天原山荘で16年支配人を務めた人だが、人の入れ代わりが早い山小屋従業員のなかで、小池さんを知る人は今はもうほとんどいない。

小池さんから昔の山小屋での暮らしを聞くのが私は好きだった。日本にまだ今よりもいい加減なところがあった昭和のころで、小屋に「夕方に帰ります」と貼り紙をしてみんなで遊びに出かけたり、小屋にやって来たクマに傘を広げて自分を大きく見せて追い払った話など、ニコニコとお酒を飲みながら話してくれたものだ。

お酒の好きだった小池さんがよく晩酌のつまみにするのが干し納豆とニンニクスナックだと教えてくれたのは、一緒に高天原山荘に入っていた小池さんの奥さんだった。当時は小屋の食材として塩味のついていない干し納豆をヘリで上げていて、太郎平小屋でもお客さんの朝食に提供していた。

そのまま食べるとサクサクしていたから、干し納豆というよりもドライ製法の納豆だったのかもしれない。前の日の晩に水をかけておき、翌朝小さなカップに入れて客食のプレートにのせた。だが水で戻すと普通の納豆と違って水っぽくなるから、私は小池さんと同じくポリポリと食べるほうが好きだった。

小池さんが山を下りてから、すでに10年以上の歳月が経つ。あのころ、小池さんは私に「やまとは絵が描けるのだから、いつか山小屋の生活とか、山のことを書いた本を出してくれよ」と言ってくれた。私はまだ山小屋で働き始めて2年目のペーペーだったから、「そんな、そんな、書けませんよ」と恐縮するばかりだった。だが小池さんの言葉だけはきちんと自分の胸に納めておいた。

黒部源流を心から愛していた小池さん。今ようやく私も少しずつ物語を紡いでいけるようになったが、いつでも心にあるのは、これは私の物語であり、小池さんの物語でもあり、みんなの物語なのだという気持ちだ。小池さんは、今でも干し納豆を食べるたびに思い出す、私の黒部源流レジェンドだ。

納豆ウナギ

秋の休暇。長期アルバイトの従業員は、3泊4日の休暇をもらうことができる。私はたいてい周辺の山歩きと渓流釣りに費やすのだが、自称都会派の赤塚君は、下界に下りて休暇を過ごす。取り立ててなにをするわけでもなく、一人で時間を過ごすのが最高のリフレッシュになるらしい。

心優しい彼は、自分の休暇前になると、必ずみんなにお土産はなにがいいかと聞いてくれる。私は毎回「スモークサーモンとアボカドとチーズ」とお願いするが、それ以外にもたくさんのお土産を背負って、彼は休暇から帰ってくる。

ある年の休暇明け、重たそうにお土産の入った発泡スチロールの箱を下ろした赤塚君が、「デパートでウナギを焼いていたから、思わず買ってしまいました」と言ったものだから、みんな大喜びでガムテープを剝がし、発泡スチロール箱のふたをパカッと開いた。開けた途端にブワッと鼻孔をついたのは、ウナギの匂いではなく、まさかの納豆の匂いだった。あ、納豆買ってきたんだ。赤塚君は納豆が好きだかrらな。けど……。

すべての食品に納豆の匂いがこびりついていた。アボカド、スモークサーモン、チーズ、その他もろもろ、そしてウナギの蒲焼き。納豆菌は強いと聞いてはいたが、これほどとは。おそらく密閉された発泡スチロール箱の中の温度と湿度が、納豆菌にとって最高の繁殖環境になったのだろう。

まあ、腐ったわけではないからね。とにかくその晩は鰻丼に決定した。ほんのりと納豆の香りがするウナギの蒲焼きを温めようと蒸し器で蒸すと、納豆の匂いがひときわ強くなったようだ。そしてウナギの蒲焼きを蒸し器から取り出し、まな板の上で切り分けたとき、私は思わず「あっ」と声を上げた。

ウナギの蒲焼きが糸を引いてる！ 包丁を入れた切り口から、まるで納豆のように細くて透明な糸がキラキラと引くのだ。みんなで「これ、大丈夫かなぁ？」「納豆菌だから大丈夫でしょ」「匂いは完全に納豆だよね」などとざわつきながら、鰻丼は食卓に並んだ。

いただきます。おお！ 味は完全にウナギ、でも匂いは完全に納豆だ。フワフワとした食感に混じる、ねっとり感。果たしてどっちを食べているのかわからなくなるけど、でもやっぱりウナギだ。糸を引くウナギの蒲焼きを、従業員は首をかしげながら、おいしい、おいしい、といただいた。

赤塚君、炎天下、重たいお土産をたくさん担ぎ上げてくれてありがとう。不思議な味わいの国産ウナギの蒲焼き、おいしかったよ。ごちそうさま。

そうめん

Yamagoya Ryori-nin 18

幻の
薬師沢そうめん

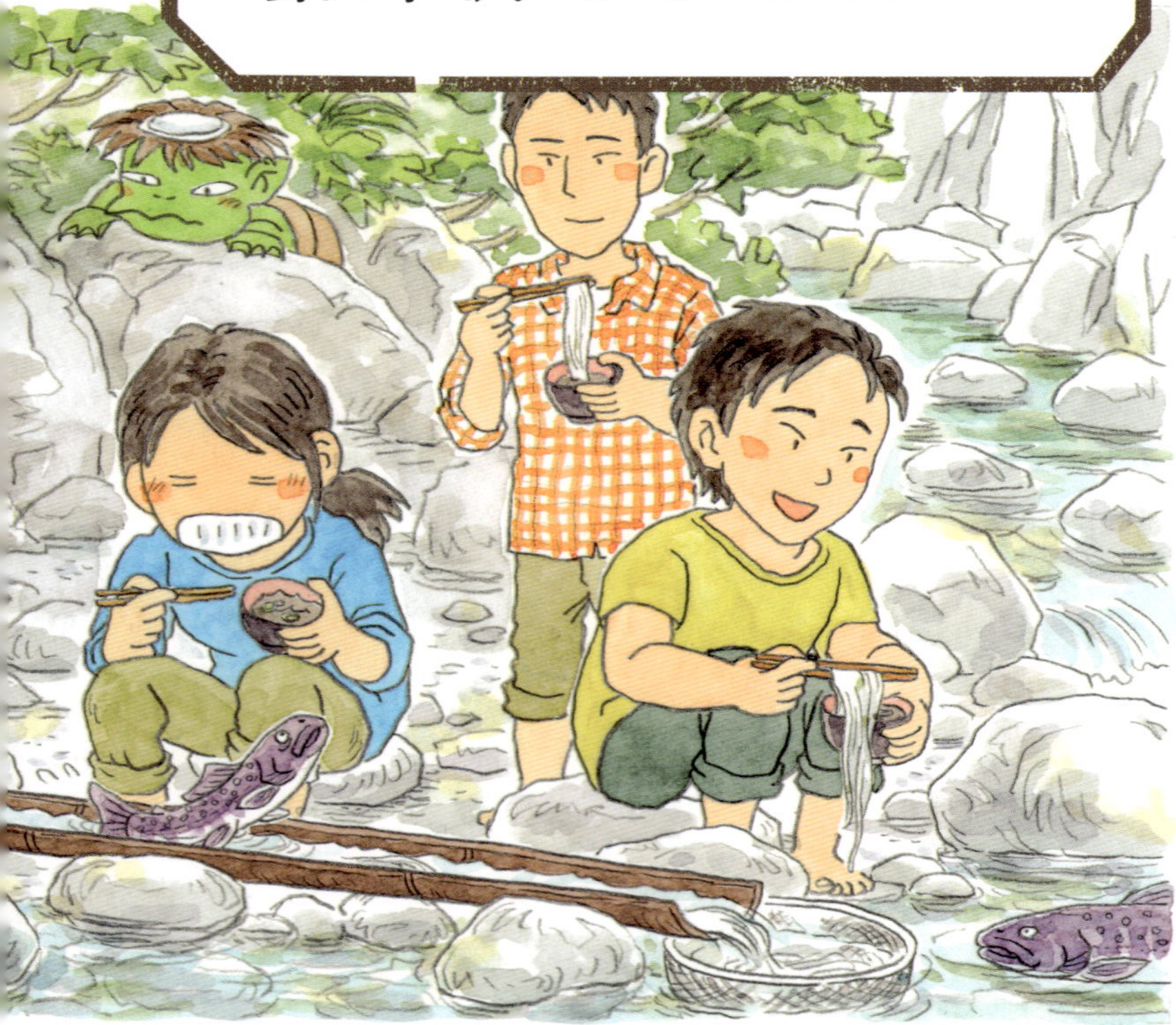

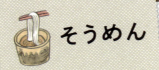

炎天下、重たい荷物を背負って薬師沢小屋に到着したら、誰もがその涼しげな清流を目にして癒やされることだろう。小屋の玄関先に設置してある水槽には、対岸の水場から引いてきた水がジャバジャバと流れ続ける。冷やしてあるどんな飲料よりもこちらの水のほうがおいしいと私は思っている。

冷たくておいしい水があれば、冷たい麺が食べたくなるのは水の豊かな国の住人ならではの感覚だ。そば、うどん、冷や麦、そうめん、冷やし中華。キンキンに冷えた麺のツルツルッとした喉越しのよさ。茹でるだけという簡易な調理法。忙しい夏のパーフェクトランチだ。

ご飯が大量に余っていなければ、その日の従業員の昼ご飯は麺メニューに

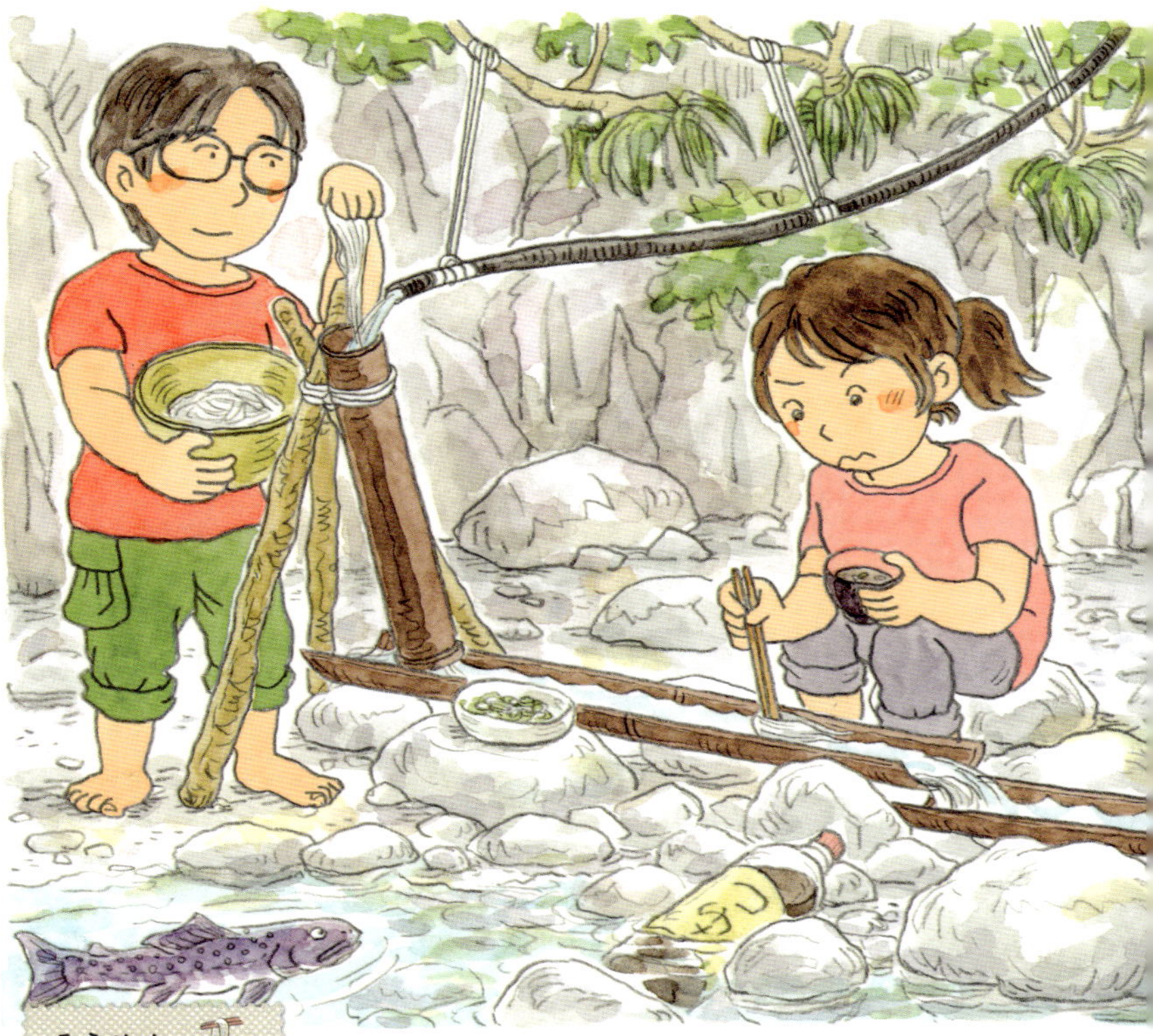

そうめん

なる。たいていはご飯が余ってチャーハンか丼ものになるから、麺の日はやはりうれしい。特に暑い日のそうめんは絶品だ。毎回、これで流しそうめんをやったら最高なのでは、という話になるが、まだ実現はしていない。いよいよ今シーズンあたり、挑戦してみようかしら。

薬師沢そうめん

「そうめんおいしいからさ、昼食のメニューにしたら薬師沢小屋の名物になるんじゃない？　調理も簡単だし」。あるとき私はそうめんをすすりながら、赤塚君に話しかけた。彼も顔を上げてニカッと笑い、「いや、実は僕もそう思っていたんですよ」と返してきた。今から15年くらい前の話だ。

「そうめん１００ｇにめんつゆ。薬味にはネギと刻み海苔と白ゴマ。５００円のワンコインでどうかな」「いいと思います」。そのころはうどんが６００円、カレーが８００円だったので、妥当な価格設定かと思われた。話はさらに膨らむ。「名物にするには宣伝というか、なにか売り文句が必要だよね」

普通に「薬師沢そうめん」で売れそうだけど、たとえば薬師沢出合にかけて「薬師沢出会いそうめん」にしたらどうだろう。ここでそうめんを食べたら恋愛が成就するとか、適当なこと言って。観光地にある恋人の鐘みたいに、売れたら小さい梵鐘《ぼんしょう》をコーンと鳴らすのもいいね。カップルなら2杯で１００円引きのサービスで。なんなら恋愛の神様とかを水槽のところに設置したら、みんなお賽銭を入れていくかも。河原の小石に願いごとを書いて、吊り橋の上から投げたら叶う、みたいな。

この手の話になると妄想が止まらなくなる私を、赤塚君はニコニコした顔のまま聞いていたが、さて、と言って話を切り上げられた。「それでは次のヘリ荷の注文書にそうめんを追加しておきましょう」

こうして、そうめんが初めて薬師沢小屋の昼食メニューに登場した。こんなにおいしいそうめんだったら、きっとバカ売れするに違いない。

そうめん地獄

ある夏の暑い日を皮切りに、そうめんメニューは始まった。結果、そうめんはとんでもなくバカ売れした。想像してみてほしい。山の中で汗をかいて、たどり着いた先で誰かが「冷たーい！　おいしーい！」と言いながらそうめんをすすっていたら、自分も食べよう！という気持ちになるに決まっている。お弁当を持っていたとしても、そうめんなら別腹で入りそうだ。

注文は止まらなかった。2人前、3人前、1人前、3人前、1人前……。まとめて来てよ！と叫びながら、その都度茹でて、冷やして。追加、追加の嵐。いかん。これでは午前中に終わらせるはずの夕食の仕込みに取りかかれない。しかも今度はうどん？　コンロ足りないから、煮物の鍋をいったん下ろして……と。え？　次カレー？　そうめん食べてよ！

無理っす！　早くも厨房が音をあげた。ダメだ、止めて、止めて、そうめんの注文止めて！　遅くなってしまった従業員の昼食時に、さっそく緊急ミーティングが始まった。みんな、げんなりした顔をしている。

2時間の間に厨房4人で80人分近い夕食の仕込みをしている。コンロは5つ。煮物は4種類。途中で昼食の注文が入るだけでも誰かの手が止まるのに、このそうめんの注文の出方はヤバい。やるとしたらまとめて茹でて、1日20食限定とかにしたら？　赤塚君が玄関先で売りさばけば？　でも売れずに余ったら、自分らで食べるの？　そうめん伸びない？

そもそも、薬師沢小屋を通過する登山者が多い時間帯は朝だ。厨房と従業員数の事情もあり、昼メニューには力を入れていなかった。だが今回、昼食に力を入れるとこうなるという現実を突きつけられた

形になった。結局、売り上げを記入する表の「そうめん５００円」の欄は、黒いボールペンでグリグリと塗りつぶされた。命名「幻の薬師沢そうめん」。

再トライ顛末

山小屋従業員の入れ代わりは早い。幻のそうめん事件から、はや10年ばかりの年月が流れた。そのころ、昼食メニューにそうめんをやったらどうか、という話が再度持ち上がった。私は難色を示したが、新しい従業員のやる気をつぶしてしまうのも悪いし、もしかしたらやり方次第ではうまくいくかもしれないと思い直して、申し入れを受理した。

この年、すでに赤塚君は太郎平小屋に上がってしまい、かつてのそうめん地獄を知る人間は私一人である。とにかくそうめんは茹でるお湯をいちいち沸かすのが面倒だ。かといって先にお湯をたくさん沸かすと燃料が無駄になる。そこで試したのが茹で汁

の再利用だ。

まあ、毎回沸かすよりは早い。だが茹で汁がドロドロしてくるので3回が限度だ。それよりもやはり、1人前、2人前とバラバラにくる注文のたびに誰かの手が止まるのがもどかしい。しかもこの年は従業員の総数が4人だったので、さらに大変だった。

そうめんメニューを提案した従業員も無理だと納得したみたいで、今回の企画も流しそうめんならぬ、流れそうめんになった。だがいつか、そうめん要員を玄関先に配置して、そうめん販売をしてみたいものだ。

後日談……

今シーズンもそうめんの販売は叶わなかった。「幻の薬師沢そうめん」を食すには、もはやあなた自身がそうめんを担いできて、茹でて食べるしかないことをお伝えする。もしくはひと夏、薬師沢小屋の従業員になるという選択肢も、あるにはある。

アイスクリーム

Yamagoya
Ryori-nin
19

山の上のアイスクリーム

長期アルバイトで山小屋に入ると、約5カ月もの間、山の上で生活をすることになる。山小屋の食生活というとなんとなく粗末で単調なイメージをもたれるかもしれないが、思った以上に食生活は豊かだ。

とはいうものの、さすがに山の上で手に入る食材は限られている。人間はないものねだりをするもので、手に入らないと食べたくなるのだ。新鮮な刺し身が食べたい、シャキシャキのレタスが食べたい、アイスクリームが食べたい、などなど欲求は尽きない。

秋も深まり、晩秋のねずみ色の空に小雪でもちらつくようになれば、早くも心は下界へと向かう。私が山を下りて真っ先に食べるのは、アイスクリームだ。スーパーやコンビニで売っている安いやつでいい。おいしい、おいしくないという点ではなく、満たされなかった欲求を満たすところに満足感が生まれる。

不思議なもので、このアイスクリームを食べる行為によって、私は食べたいものを食べられる世界に

帰ってきたことを実感する。この「いつでも手に入る」という認識により、ほかの欲求は減退する。人は永遠に、手の届かないものを手に入れたいと願う生き物だ。

夏の自由研究

立山の室堂《むろどう》や穂高《ほたか》の涸沢《からさわ》ではソフトクリームが食べられるし、お隣の雲ノ平山荘ではアイスクリームメーカーを導入してアイスクリームが食べられるようになったと聞くが、薬師沢小屋にはまだその設備がない。

だが20年近い山小屋生活のなかで、かつて2度ばかり、市販のアイスクリームを薬師沢小屋で食べたことがある。一つは物資ヘリで私物としてアイスクリームを注文した人がいて、その人にお裾分けをいただいたとき。もう一つは山岳警備隊のお土産だった。

常駐で上がってくる隊員は、いつもお菓子や果物などのお土産を持ってきてくれるが、ある隊員は、発泡スチロール箱にアイスクリームをいくつも詰めて駆け上がってきた。太郎平小屋の従業員が大喜びしたのは言うまでもないが、なんと薬師沢小屋の分も担いできてくれていた。しかし薬師沢小屋で受け取った時点で、紙カップに入ったアイスクリームはかろうじて形を保ってはいるものの、液体一歩手前の状態だったので、そのまま冷凍庫に収めた。

ところが薬師沢小屋では発電機が朝と夜の数時間しか稼働しない。アイスクリームがちょっと固まったかな、というころに電気が切れて冷たいクリームに戻り、また少し固まって、を繰り返した。とうとう赤塚君は日中も発電機を回し続けるという処置を取り、それでようやくアイスクリームは本来の形になり、みんなの胃袋に収まったのだった。

いかにしてアイスクリームを山の上に届けるか。太郎平小屋で働く父をもつ小学生が、夏の自由研究の題材にしたことがある。「いろいろな方法を試したらしいけど、新聞紙に包んで発泡スチロール箱に入れるのが、いちばん溶けなかったみたいや」。うれしそうに話す仲間の顔を眺めながら、そんなすてきな状況なら、溶けても溶けていなくても、世界一おいしいアイスクリームだったに違いないと、私は思わず顔をほころばせ、心まで溶けてしまいそうになった。

お手製アイスクリーム

食べたいならば、作ってみよう。あるものでなんとかするのが山小屋生活の基本である。でも確かアイスクリームを作るのって生クリームが必要だよね、と思っていたら、山小屋に置いてあった料理本のアングレーズソース（牛乳、卵黄、砂糖で作るカスタードソース）のページに、「何度か攪拌しながら冷凍すると、アイスクリームになります」と書いてあるのを発見した。

おお、これなら作れるぞ！　私は卵黄と砂糖を混ぜ合わせ、牛乳を加えて温度が上がりすぎないように気を付けながら、火にかけた。出来上がったアングレーズソースを金属製の保存容器に移し替え、冷凍庫の奥のほうにそっと置いて冷えるのを待った。

　アングレーズソースは固まり、アイスクリームではなくアイスクリンになった。アイスクリンとは、脱脂粉乳などを使った乳脂肪分3％以下の氷菓子を指し、舌触りが少しシャリッとして、やさしい味がする。でも、うーん、おいしいけれどなんだか物足りない。

　濃厚さが足りないなぁ。

あれこれ考えていると、

山小屋手作りアイスクリーム
里芋のアイスクリーム
〈材料〉2～3人分
・里芋(皮ナシ)…200g
・牛乳…200ml
・砂糖…80g
・塩…ひとつまみ
・バニラエッセンス…少々
ガーッ
里芋を茹で材料を全部合わせて、ハンドブレンダーかフードプロセッサーで攪拌します
すでにねっとり
金属製の容器に流して冷凍庫へ。固まる直前に少しほぐします
食べるときに混ぜて練りながら解凍
トルコアイスみたいにねっとりしておいしい!!
アングレーズソースのアイス
〈材料〉2～3人分
・牛乳…400ml
・卵黄…4個分
・砂糖…80g
・バニラエッセンス…少々
卵黄と砂糖を白っぽくなるまで混ぜ合わせます
人肌に温めた牛乳を加えて、弱火にかけて79℃まで温めます
時々火から下ろして
とろみがついたら、金属製の容器に流して冷凍庫へ冷やしながら時々攪拌して、空気を入れます
ジャー
漉してね

赤塚君が「生クリームさえあれば、僕、アイスクリーム作れますよ」と言い出した。「そうしたらさ、常連さんに頼んで持ってきてもらっちゃう?」。予約では確か、もうすぐ常連さんが来るはずだ。さっそく従業員の一人が電波の入る太郎平小屋へと走り、常連さんにメールを送った。〈欲しい物リスト・動物性生クリーム〉

「生クリームなんて買ったことないからさ、店員さんに聞いちゃったよ」。釣り好きの常連さんは、「量これで足りる?」と言いながら、乳脂肪分35%と45%の生クリームを、それぞれ3つずつザックから出した。期待した以上に大量の生クリームに、私は小躍りした。

早めに使わないと。善は急げと生クリームのパックを開けた私は、あれ?と思わず声を上げた。まさか? 慌ててもう一つのパックを開けて、やっぱりダメだとつぶやき、赤塚君を呼んだ。「あら、バターになっていますねぇ……」。登山道を約6時間。揺れに揺れ続けた動物性生クリームは、すべて中途半端な緩いバターのようになっていた。

「せっかくだから、これで作ってみますか?」。それから赤塚君は卵やら砂糖やらと混ぜ合わせて苦闘していたが、「ダメかもしれないです」と言って、液体を注いだ金属製の保存容器を冷凍庫に収めた。

アイスクリームになるはずの液体は、冷凍庫の中で脂肪分とネチョッとした甘い液体に分離した。おいしくない……。久しぶりにおいしくない……。ネチョッとした甘い液体はみんなで舐め、脂肪分は料理に回すことにした。

そのうち家庭用アイスクリームメーカーでも私物で上げようか。ぼんやり検討中の薬師沢小屋である。

後日談……

この連載記事を読んだ方が小屋に生クリームを持ってきてくださった。さっそくアイスクリームを作ったが、凍らせる途中で誤って外に放置され、うまくいかなかったことを告白しよう。

厨房エッセイ

山小屋料理人卒業

山小屋料理人として薬師沢小屋の厨房で数々の経験を積んできた私であるが、2021年に支配人になってからは受付業務に追われ、実はほとんど厨房に立っていない。特に24年シーズンはアルバイトが2年目の経験者もいたので、たまに従食を作るくらいで、あとは包丁を研ぐ程度のことしかやらなかった。厨房内でのドタバタや話し合いなどを遠目にしつつ、かつての自分を思い返しては懐かしく目を細め、成り行きを見守っていた。

2・8升のお粥を炊いた「お粥ちゃん」を覚えているだろうか。黒部川に卵を流した人物も、実はこのお粥ちゃんだ。彼女はなんと24年シーズンの薬師沢小屋厨房長だった。私に代わって豚の角煮やキンピラゴボウを作り、スピードも従食を作る腕もぐんと上がった。あんなにマイペースだったファーマー君も、今や新人に作業を教え、まぁゆるっとしたところは相変わらずだが、すっかり頼もしくなった。従業員に経験者がいたことは大きかったが、24年シーズンも厨房は楽しそうに回っていた。厨房が笑顔であれば、きっと食事をするお客さんも笑顔になることだろう。みんなを笑顔にすることもまた厨房の大切な仕事だ。

厨房長お粥ちゃんの作る従食のなかで、永久保存版レシピに入ったのが「昆布締めのらっきょう和え」だ。昆布締めは富山県の郷土料理で、昆布に刺し身や山菜を挟んで一晩ほど寝かせたもので、よく使われるのが、富山ではサスと呼ばれるカジキマグロだ。高級品の部類なので、いつもはお客さんのプレートにちょこんとのせるだけだが、おいしい日本酒をもらったときなどは、従業員もこれをいただく。作り方は簡単だ。サスの昆布締めを1㎝くらいの幅に切り、細い千切りにしたしょうが、スライスしたらっきょう漬け、らっきょう酢、しょうゆを加えて和える。純米吟醸の冷酒と合わせると箸も酒も止まらない。

　こうして山小屋料理人の卵たちは、今や親鳥と大差ない若鳥へと成長した。長年働いた厨房を離れ、受付業務にもようやく慣れてきた私には、彼ら彼女らの成長ぶりは本当にキラキラと輝いて見える。そして私にも山小屋料理人卒業の日が来たのだなと、少し寂しく、うれしく思う。

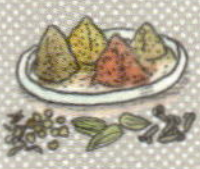

スパイス

Yamagoya Ryori-nin

20

山小屋生活は人生のスパイス

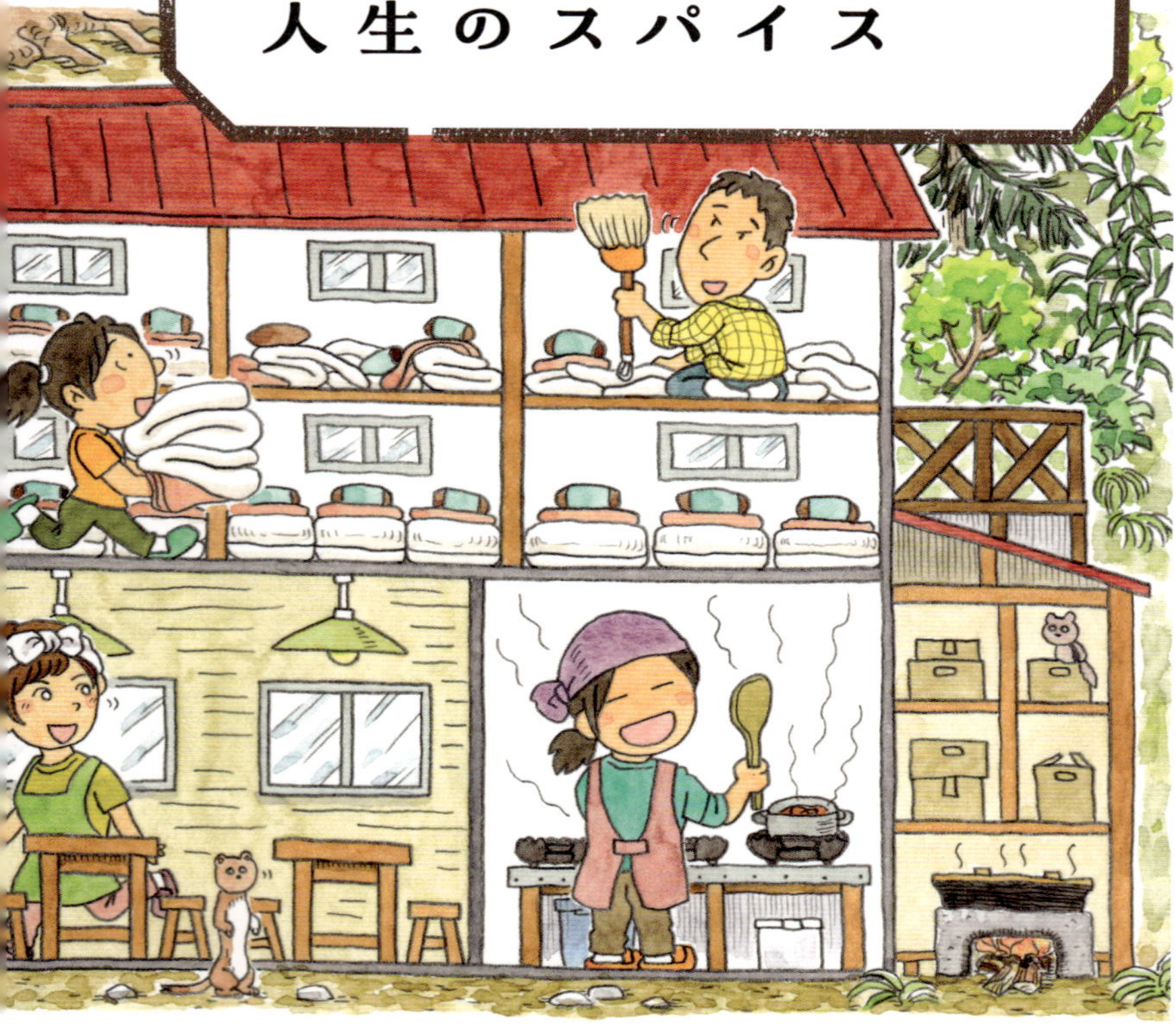

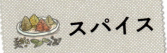

私が本格的にスパイスにハマったのは、タンザニアのザンジバルという島に滞在していたときのことだった。ザンジバルはアフリカ東海岸のインド洋上にあり、その昔、アラブ人による象牙や香辛料、奴隷の貿易拠点として栄えた。アフリカのなかでは治安も居心地もよいこの島で、20年前の私は約2カ月間、絵を描きながら呑気に日々を過ごしていた。

島には欧米からの観光客が多く滞在し、観光客向けに開催される「スパイスツアー」がおもしろいと評判だった。ツアーでは島内でスパイス栽培をしている畑に行き、スパイスの説明を受け、最後にスパイスを使った料理を食べることができた。

ペッパー、クミン、コリアンダー、

ターメリック、クローブ、カルダモン、シナモン、レモングラス。それ以外にも、見たこともないさまざまな果実や種子を紹介してくれた。好奇心旺盛な私はその後市場に出かけ、ありとあらゆるスパイスを買い込んだ。なに、使い方がわからなくても、調合がわからなくても、とりあえず使ってみればいい。

新たな調味料、香辛料というのは、まるで新しい絵の具のようなものだ。この色を加えたらどんな色になるのかな？　どの色と合わせてみようかな？　ワクワクが止まらない。

薬師沢小屋スパイスカレー

毎年、スパイス類は私物としてヘリで薬師沢小屋に上げていて、私は気が向くと厨房に立ってはスパイスカレーを作っている。厚めの鍋にたっぷりの油とスパイスシードを入れ、玉ネギを色づくまでよく炒める。トマトにニンニク、しょうがと練りゴマを加え、もったりしてきたところに塩とパウダースパイスを投入すると、熱い鍋からブワッとカレーの香りが立ち上る。

隙間だらけの小屋だから、小屋のどこにいても従業員たちはカレーの匂いを嗅ぎつけ、「今日はカレーですか？」とうれしそうに集まってくる。あるときは、カベッケが原の尾根道を小屋に向かって下りてくる登山者の「おっ、今日はカレーだぞ！」という声が聞こえ、思わずクスリと笑ってしまった。

カレーの匂いには、人の食欲をそそる不思議な力がある。このカレーの匂いで失敗したのは、山小屋が完全予約制になる以前、夕食の始まる時間に予約なしの飛び込みで8人グループが来たときだった。今から夕食を作るのは無理。レトルトカレーとご飯ならあるから、それでもよければどうぞ、ということで、最後の食事の回にそのグループのテーブルにカレーを提供した。

それを見たほかのテーブルの年配の男性が、出された食事ではなくカレーがいいと言い始めた。困った従業員が私を呼び、私は事情を説明したが、よっぽどカレーが食べたかったのだろう。なかなかウンと首を縦に振ってくれずムッツリと黙っている。思わず私は連れらしき向かいの女性に視線を向けて助け舟を求めたが、女性はジッと下を見つめて顔を上げてくれない。これは困った。彼が言うことを聞いている暇もないので結局、赤塚君を呼んで丸投げし、ようやく男性は夕食を食べ始めた。

すみません、おじさま。下りたら真っ先にカレーをたらふく召し上がってくださいね。

激辛カレーとインド放浪パパ

スパイスカレーと一口に言っても、国や地域によって違いがあるし、種類もたくさんある。

レシピを見ながら南インドのケララチキンというチキンカレーに初挑戦していたときだった。レシピにはテンパリングといって、熱した油にスパイスシードや赤唐辛子などを投入して香りを出し、混ぜ込む方法が書かれていた。4人分で赤唐辛子6本、3倍の量で作るから18本。多くない？　なにか引っかかるものはあったが、とりあえずレシピどおりの比率で作ってみようと思い、私はスパイスシードと赤唐辛子を油の中に放り込んだ。

ジュワーン！　これはヤバイ！　上がった煙に思わず私はゲホゲホと咳き込み、ヒィーと声を上げた。目が痛いぃ！　これは量を間違えたのか？　もしかして使った赤唐辛子の種類がまずかった？　投入したのは、メキシコで買ってきた赤唐辛子だった。

出来上がったカレーは、匂いを嗅ぐだけで咳き込むほどに激辛だった。私は半分を取り分けて水で2倍に薄め、甘めのカレールーを入れた。それでもまだ辛かった。

その晩の従食。辛いものが得意でない赤塚君は額に汗をダラダラ垂らしながら黙り込み、私もみんなもうんうん言いながら辛さを薄めたカレーを食べた。だがそのなかで、なんと元の辛さのカレーを「うまい、うまい」と食べる強者が一人だけいた。

彼は従業員のお父さんで、ちょうど薬師沢小屋に遊びに来ていたところだった。話を聞くと、インドが好きで、インドのあちこちを放浪していたとのこと。「日本じゃこの辛さのカレーはなかなか食べられないからなぁ」。うれしそうな顔をしてカレーにパクつくパパ。ありがとうと言いたくなった。

大葉と小葉

スパイスに加えて、薬味も食べたくなる食材の一つだ。ミョウガはシーズンになるとたまにヘリ荷に入っていることがあって、ミョウガ好きな私は思わず小躍りする。半分に切って天ぷらにしたり、刻んでそうめんの薬味にしたり、酢の物に入れたり、ミョウガ寿司もおいしい。丈夫なポリ袋に入れて冷たい水に浸けておけば、日持ちもする。

赤塚君は大葉が好きなので、大葉も欲しいところだ。たまに差し入れでいただくことはあるものの、こちらはあまり日持ちがしない。考えた末に、プランターに大葉の種を蒔いてみたことがあるが、まったくと言っていいほど生長しなかった。日にも当てたし、養分のある土を選んだのだが、環境が合わなかったのだろう。まるで小さな高山植物と見紛うようなサイズのままだった。仕方なしに高さ3、4cmの小さな大葉の苗から、直径1cmにも満たない葉を摘み取り、刻んでそうめんに添えてみたが、みんなには小葉とバカにされた。小葉でも味はしっかり大葉だったので、赤塚君がニコニコとうれしそうにしていたのは救いだった。

小葉も最後は根から全部摘み取り、焼却した。あらためて植生の不思議が感慨深い実験だった。次は、どこでも育ちそうなかいわれ大根の水耕栽培でもやってみようかな。

料理上手ノンちゃんの オクラとジャガイモカレー

〈材料〉4〜5人分

- オクラ……20本
- ジャガイモ……2コ
- 玉ネギ……大1コ
- 鶏モモ肉……1枚
- トマト缶……1缶
- ニンニク／しょうが……すりおろして各大さじ2
- クミンシード……小さじ1/2
- 白ゴマペースト……大さじ3
- 塩……適量
- 水……適量
- パウダースパイス
  - ガラムマサラ……小さじ1
  - ターメリック……小さじ1/2
  - チリパウダー……小さじ1/2
  - コリアンダー……大さじ1
- サラダ油……50mℓ
- サラダ油(炒め用)……適量

中火で玉ネギの水分を飛ばしていきます
①厚手の鍋にサラダ油50mℓを熱し、玉ネギがあめ色になるまで炒める
玉ネギを炒めている間に茹でちゃおう!!
料理は手際よく!!
②ジャガイモを硬めに茹でる
白ゴマペーストを入れるのが、コクを出すポイント
③ニンニク、しょうが、白ゴマペースト、トマトを入れて、もったりするまで煮つめる
パウダースパイスを入れるときは火を強く
一気に香りを立たせまーす!!
④塩とパウダースパイスを入れて、香りを立たせる
クミンシードがパチパチはねるまで待ってね
油が回ればOK!!
オクラ
ジャガイモ
鶏肉
パチッ
パチッ
⑤フライパンにサラダ油を熱し、クミンシードを入れる。鶏肉、ジャガイモ、オクラを入れる
ぜひ挑戦してみてね!!
⑥鍋に合わせて水で濃度を調整する。煮込んだら塩で味の調整をする

パン

Yamagoya Ryori-nin

21

幸せは いい匂い

山小屋の常連さんからの差し入れで、たまにいただくのがパンだ。薬師沢小屋では販売用に長期保存可能なロングライフパンを置いているが、売り物なので従業員が食べることは基本的にない。なので、お土産にパンをいただくと、従業員のテンションが上がる。いただいたパンは、朝食やお茶の時間に食べることが多いが、食パンがたくさん来たときには、昼食をサンドウィッチにする。卵、ツナ、ハム、チーズ、キュウリにトマト。ありきたりの具材ではあるが、各自が好きなものを挟んで食べる。久しぶりに口にするパンに、従業員はニコニコとサンドウィッチを頬張る。

パンがつぶれないように。持ってきてくださる常連さんは、大きな保存容器に入れたり、段ボール箱を程よい大きさに加工したり、創意工夫を凝らしてパンを運んでき

てくれる。それぞれの運び方に感心し、一度、驚いたことがある。

それは常連さんではなく新人のアルバイトだったのだが、なんと食パンをぺったんこにつぶして持ってきた。食パンってこんなに小さくなるのかと私は感心した。なるほど、つぶれないようにするのではなく、最初からつぶすのか。自分のなかの常識が、また一つひっくり返る出来事だった。

パン焼き窯の夢

食べたいなぁ、と思っても、すぐに買いに行けないのが山小屋生活というものだ。そして、ないのなら作ってしまえ、というのもまた山小屋生活なのだ。

さて、そろそろパンが食べたくなったぞ。天気もいいことだし、今日はひとつ、パンでも焼いてみるか。

なぜ天気?と思うかもしれないが、パンには発酵が欠かせない。発酵させるためには暖かい場所が必要で、天気のいい日のトタン屋根の上がちょうどいい。発酵さえうまくいけば、あとは焼くだけ。だが薬師沢小屋には立派なオーブンがあるわけではない。しかも電気を使うオーブンでは、日中の発電機が回っていない時間帯には使えない。ほかにアウトドア用オーブンをガス台に据え置いて使うこともあるが、随分と時間がかかる。試行錯誤中ではあるが、フライパンで焼くのが早くてそれなりによい。しかし焼き加減が難しく、底面がすぐに焦げついてしまうのが難だ。

構想中なのは、五右衛門風呂の焚き口をオーブンにする案だ。今は薪を入れるだけでいっぱいいっぱいの小さな焚き口だが、もっと大きくして鉄板を据え付けたら、最高のオーブンになるのではないか。そうしたら、風呂を焚きながらパンが焼ける。パンだけじゃない。ピザもケーキもグラタンも焼ける。まあ、大規模な工事が必要になるから、次の建て替えのときになるかなぁ。そのころは私、もういない

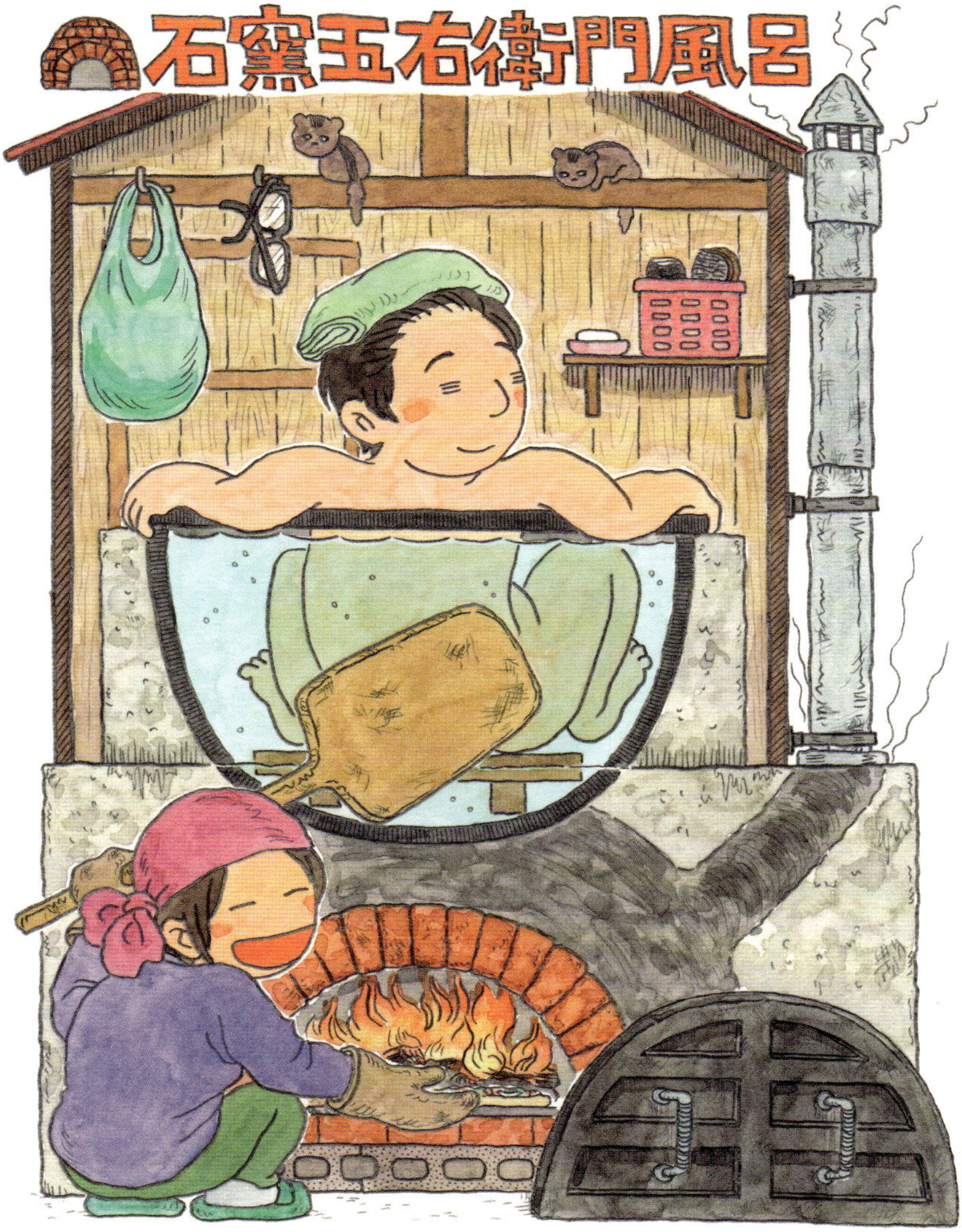
石窯五右衛門風呂

だろうなぁ。フライパンのパンをひっくり返しながら、夢は尽きない。

食べたいもののリスト

薬師沢小屋の厨房に小さなホワイトボードがかけてある。その日の食数や弁当の数を書くためにあるのだが、一時期、そこに従業員が食べたいものをリクエストするスペースがあった。みなそれぞれに従食で食べたいものを書き、私がそれを作ると消す、というシステムだ。餃子、プリン、担々麺、ピザ、麻婆豆腐、明太子パスタ——。あるときその中にカレーパンのリクエストが入った。カレーパン！ なかなかハードルが高い。だが、叶えてみせよう。私の料理人魂に火がついた。

まずはスパイスカレーを作った際に、カレーパン用に具材を取り分けておいた。言うまでもなく、カレーとパン両方を同時に作るほどの暇はない。カレーパンのレシピは小屋にあるパンの本の中にあった。なんだ、カレーをパン生地で包んでパン粉を付けて揚げるだけか。焼く手間がないぶん楽チンだね。

さて、パン生地をこね、カレーを包み、熱した油の中に入れ、パンが膨らみ始めたときだった。バフン！と音を立て、パンの閉じ目が開いた。ジュボー！ バチバチバチ！ 油がそこら中に跳ね飛び、私は「ギャアァ！」と悲鳴を上げた。なんて危険なパンなのだ！ しかし、なぜ爆ぜた？ 温度のせいか？ 首をかしげながら懲りずにいくつかパンを放り込んでいるうちにようやく気が付いた。そうか、閉じ目のあるほうを先に揚げればいいのか。

揚げたてのカレーパンはシュワシュワとおいしそうな音と香りを立て、揚げるそばから従業員のおなかへと収まっていった。特にリクエストを書いた従業員は「人生でいちばんうまいカレーパンです！」と大喜びしてくれた。うーん、料理人冥利に尽きる。最高の褒め言葉をありがとう。

赤塚君のフレンチトースト

10月、小屋閉めのころだった。従業員は赤塚君と私の2人きり。宿泊者もポツリポツリといるくらいで、日中の仕事の大半は小屋閉め作業に費やしていた。ある日、お客さんがとうとうゼロに。前日の晩に「明日はお寝坊していいですよ」と赤塚君からのお達しがあったので、翌朝、私は本当に久しぶりに寝坊をした。

日頃の疲れもあり、ぐっすりと眠ってようやく起きだすと、赤塚君はいつもどおりに起きていたようだ。私の顔を見ると「フレンチトーストがありますよ」と声をかけてくれた。ああ、そういえば、いただいたフランスパンがまだ残っていたっけ。

厨房を覗いてみると、フレンチトースト用のパンと卵液が置いてある。「赤塚君、もう食べたの？」「僕はもう食べました」「焼いたのない？」「自分で焼いてください」。もともと朝はあまり食欲のない私は、焼くのも面倒だし、別に食べなくてもいいやと思ってコーヒーをすすっていた。すると赤塚君がちょっとイライラし始め、そのうち「もー、仕方ないな」と言って私の分のフレンチトーストを焼き始めた。

ここでようやく私は彼の厚意を受け取り損ねたことに気付き、深く反省。焼きたてのフレンチトーストを「はい」と出してくれた彼に「ありがとうございます」と首を垂れた。優しく甘いフレンチトーストの思い出だ。

こぼれ話

差し入れのパンでいちばん驚いたのは、顔よりも大きいサイズのカンパーニュだ。こんなに大きいパンがあることにも驚いたが、中身の詰まった結構な重さのパンを持ってきてくれた常連さんにも驚いた。これでしばらくはパンを楽しめるかと思ったが、若い従業員たちの胃袋にかかれば、大きなパンもあっという間になくなるものなのだな。

カボチャ

Yamagoya Ryori-nin
22

種まで愛して

「うわぁ、また溶けた。どうしよう……」。私は大鍋いっぱいのドロリとした黄色い液状のカボチャを前に途方に暮れた。その年、ヘリで山小屋に上がってきたカボチャは水分が非常に多く、軟らかくて切りやすい代わりに、煮るとすぐにクタクタになった。だからといって加熱があまいと、皮がゴリゴリして食べられたものではない。とにかく扱いづらいカボチャだった。

カボチャが水っぽくなるのは、収穫が早すぎて未熟な場合だ。適切な時期に収穫されたカボチャでも、収穫後に一定期間追熟させるのが一般的で、この追熟が足りなくても水っぽくなる。ほかに品種による差もある。

だから私は切るときに硬いカボチャのほうがうれしい。丸のままのカボチャの中心に包丁の先端を突き入れ、テコの原理でググ、ダン！と割る。「すごーい！　私、レンジでチンしないとカボチャ切れませーん」という黄色い声よりも、ギュッと詰まっ

 カボチャ

た黄色いカボチャに思わず笑みがこぼれる。

ショーシャンクのカボチャ

『ショーシャンクの空に』という映画をご存じだろうか。優秀な銀行員アンディが冤罪で終身刑を言い渡され、ショーシャンク刑務所に入れられる話だ。あらすじはさておき、彼は約20年かけて独房の壁にコツコツと穴を開けて脱獄する。薬師沢小屋でこの映画になぞらえて命名されたのが、「ショーシャンクのカボチャ」事件だ。

小屋の食料倉庫は、1階の階段下と勝手口の外の2カ所にある。階段下には乾物や調味料、カボチャなどの傷みにくい野菜類を置き、風の通る外には傷みやすい野菜類を置いている。どちらも動物にやられる危険があり、特に秋冬を前に栄養を蓄えようと食欲旺盛になる動物たちの意欲は半端ではない。

夜な夜な小屋の中を走り回るのは、主にヤマネとネズミだ。彼らの好物は栄養満点のカボチャの種。生ごみ入れの隙間から侵入しては、カボチャの種の中身を上手に食べる。残った種の殻が小屋の物陰から発見されるたびに、なんだか私は笑ってしまう。

あるとき気付いたら、取り出したカボチャに丸いトンネルが掘られていた。カボチャに穴を開けたのは、おそらくヤマネではなく、丈夫な前歯をもつネズミのアンディだったろう。半分に切って確かめると、中の種は一粒残らずなくなっていた。そういえば映画の主人公アンディも、脱獄後に刑務所の不正な金をしっかり懐に入れていたっけ。やるな、ネズミのアンディ。

カボチャ越冬隊

カボチャもまた保存のきく野菜の一つだ。少なくともシーズンの途中に傷むことはない。だが、いったいどのくらいの期間、保存することができるのだ

ろう？　玉ネギ越冬隊（第14回）に続き、シーズン中に使いきれなかったカボチャが越冬隊員に選出された。

第1次越冬隊は、冬の寒さに負けないように保温性の高い発泡スチロール箱を用意して、ズラッと並べてふたをし、動物に食べられないように完全密封。畳を上げた2階の部屋の片隅に置いておいた。

翌年。薄情にも私は越冬隊員のことなどすっかり忘れ、小屋開け作業で薬師沢小屋に入り、暗い部屋の片隅に彼らが一冬過ごした箱を発見した。そうだ、そういえばカボチャを越冬させたんだった。

箱を持ち上げた瞬間、中に液状のものが入っているときの、波のような揺れを感じた。やばい、これ絶対溶けてる……。私はそのまま赤塚君のところに持っていき、「怖くて開けられません」と言った。

彼も「なんだっけ？」という顔をしたが、ああ、と思い出し、「仕方ないなぁ」と受け取ってくれた。私は見ていないが、箱の中の隊員たちは大変なことになっていたらしい。

　第2次越冬隊。前回の反省を生かし、カボチャをひもでくくり、厨房の棚の下に吊るすことにした。万が一溶けたときに備えて、下にバケツも置いておいた。

　さて、翌年。一冬を越えると、私はきれいさっぱりいろいろなことを忘れてしまうらしい。小屋開けで厨房に入ると、棚の下になにやら白い塊がぶら下がっている。なんだっけ、これ？　薄暗いなかで顔を寄せると、しぼんだカボチャにふさふさと白いカビが生えているのが確認できた。ああ、ごめん、カボチャさん。これからはちゃんと背負って下りるから……。

カタツムリ飼育記

子どものころ、カタツムリを飼うのが好きだった。目玉をつつくと引っ込むのが楽しかったし、食べたものと同じ色のフンをするのもおもしろかった。ニンジンやキュウリなどいろいろな野菜を食べさせては喜んでいた。

ある年の夏、薬師沢小屋の厨房にカタツムリの殻がコロンと転がっているのを発見した。拾って中を覗いてみると、入り口に薄い膜を張って、中にカタツムリが入っているようだ。私はうれしくなって、保存容器に野菜の切れ端とカタツムリを入れ、水をかけて置いておいた。

翌日になって気が付くと、いつの間にかカタツムリが殻から体を出し、野菜の上を這っている。思わず目玉をツン！と触ると、カタツムリはびっくりしたのか、殻の中に入ってしまった。薬師沢小屋の新しいメンバーになったカタツムリは、それから毎日、お茶の時間になるとみんなに遊ばれるようになった。最初のうちこそ引っ込んでいたカタツムリだったが、やがてすっかり慣れ、触っても殻に引っ込まずに手の上を這い回るようになった。

餌はいろいろと試してみたが、好物はカボチャだった。水けが少なく傷みにくいし、栄養もあるのだろう。驚くほどよく食べ、驚くほど成長した。そしてとうとう引っ込んでも殻に収まりきらない大きさになった。ここでようやく、私は自らの過ちに気が付いた。

最終的に、カタツムリは小屋閉め前に死んでしまったが、果たして殻に収まりきれないまま冬を越せただろうか。私はもう二度とカタツムリを飼うまいと心に決めた。

チーズ

Yamagoya
Ryori-nin
23

山小屋に
とろける幸せ

昭和50年代。まだ小学生だった私にとってチーズといえば、給食で出る四角いプロセスチーズで、味も濃く、正直なところ少し苦手だった。それから、トーストにのせて焼くととろけるチーズに、緑の筒に入った粉チーズ。時折母が作るチーズケーキのクリームチーズもあったが、これはどちらかというと、お菓子の材料という認識だった。

私のチーズ概念を突き崩したのは、大学生のときに食べたカマンベールチーズだった。白い皮の内側から溶け出るまろやかでクリーミーなチーズのなんとおいしかったこと。その後も白カビ、青カビ、ウォッシュ、フレッシュ、シェーブル、ハード、セミハードと、新しいチーズに出会い奥深さに触れるたびに、自分が少しずつ大人になって

いくような気分になった。

私は今でもプロセスチーズはいまひとつ好きになれないが、ナチュラルチーズは大好きだ。だが、これも山小屋ではなかなか口にできない食材の一つ。さて、どうする。

豆腐かチーズか

山小屋でもチーズが食べたい！　ないのであれば作ってみよう、がモットーの厨房長。まずはチーズの作り方を調べるが、発酵を伴う本格的なチーズを作るのは無理。なので、フレッシュチーズのように発酵させなくて済む、パニールに目をつけた。

パニールとはインドとその周辺のアフガニスタン、イランなどで一般的に食べられているチーズだ。インド料理ではサグパニールという、ほうれん草とパニールのカレーがよく知られている。パニールの材料は牛乳、食塩、レモン汁と山小屋にもあるもので足りる。牛乳を火にかけて、塩とレモン汁を入れて分離させ、濾したら重しをのせて水を切るだけと、作り方も簡単だ。

まずはとにかくやってみよう。作ってみてわかるのが、牛乳1ℓから取れるパニールの量だ。120gくらいしか取れないので、少々がっかりする。だが濾した際に出た水分は乳清（ホエー）なので、さらに牛乳を足してリコッタチーズを作ることもできる。こちらもパニールと味に大差はなく、パニールが足りなければ追加で作るといいだろう。

できたパニールを使い、さっそくカレーを作ることにした。ほうれん草がないので代わりにアザミを茹でてペーストにし、スパイスを合わせてアザミパニールを作った。普通においしかったが、誰もパニールがチーズだと気付かず、豆腐と思って食べていたのがショックだった。実際、パニールは水切りした木綿豆腐のような食感だ。むろん栄養素は違うけれど、手間を考えると水切り豆腐でよくない？　以

パニールの作り方
材料
・牛乳……1ℓ
・塩……小さじ1/8
・レモン汁…大さじ2
①
鍋に牛乳と塩を入れて、火にかけます
塩
牛乳
レモン汁
②沸騰したらレモン汁を入れ、分離してきたら弱火にする
水分とチーズに分かれるよ
③完全に分離したら、火を止める
④ザルにキッチンペーパーを敷いて濾す
重し
⑤30分ほど重しをのせて固める

来、なかなか2度目に挑戦できずにいる。

赤塚君のピザ

赤塚君は月に1度か2度、ピザを作って焼いてくれた。だから薬師沢小屋には、とろけるチーズが常に冷凍庫に入っていた。今は彼が太郎平小屋に上がってしまったので、代わりに私がシーズン中に1度か2度、ピザを焼くくらいだ。溶けるチーズはたいてい小屋閉めのころまで残る。

忙しい山小屋生活のなかで、彼がピザを作るのは、仲のいい常連さんが来るときや、アルバイトの誕生日、休暇でよその山小屋から仲間が遊びに来るときなど、ちょっとしたイベントのときが多かった。朝から生地をこね始めるので、なかなか大変だっただろうが、ピザは絶品だった。

赤塚君にピザを作る気にさせるのは、私の仕事だった。ピザ用のトマトソースを作っておいたり、照り焼きチキンピザのための鶏肉を前日に焼いておいたり、極め付きは厨房の作業台に、はかり、強力粉、のし棒を用意したりすることだ。それを見てようやく彼はフフフと笑って腕まくりをする。

生地をこね終えると、パン作りのときと同じように、トタン屋根の上が発酵場所になる。発酵がうまくいけば、のし棒で生地を伸ばし、従業員の夕食が始まるまで棚に並べて寝かせておく。作業開始はお客さんの夕食後で、皿洗いの時間帯だ。バタバタと慌ただしい厨房に赤塚君がのっそりと姿を現わし、ピザ生地に具材をのせて、アルミホイルを敷いたフライパンにそっとのせ、ふたをする。弱火にかけると、やがて生地の焼ける香ばしい匂いが厨房に漂い始め、従業員はみんなニコニコとうれしそうだ。

料理ってどうしてこんなにも人を幸せな気持ちにするのだろう。赤塚君の焼くピザは、とろける幸せのピザだ。

肉なし小屋のメインディッシュ

太郎平小屋グループのスゴ乗越小屋と高天原山荘には冷凍庫がない。だから、冷凍食品や肉類は保存できない。ではお客さんのメインディッシュになにを出しているのかというと、ハムカツを揚げている。揚げたてのハムカツからとろりと溶け出すのはプロセスチーズだが、私はこのハムカツがけっこう好きだ。

ハムカツに使うのは、厚みが8㎜くらいのハムステーキだ。これに横から包丁を入れて半分の厚みにし、最後は切り離さずに蝶々のように開き、間にプロセスチーズを挟んで閉じる。あとは小麦粉に卵液、パン粉の順に付けて揚げるのだが、このハムを横半分にスライスする工程は慣れないと難しく、片方が薄くなったり厚くなったり、下手をするとちぎれてしまう。

ハムカツ以前は、両小屋とも天ぷらを作っていたと記憶する。薬師沢小屋でも以前はかき揚げを出していたことがあり、今でもトラウマなのが「かき揚げバラバラ事件」だ。厨房長が休暇でいないときに新米の私がかき揚げを作ったのだが、揚げるそばからすべてバラバラになってしまい、夕食に間に合わなくなった。当時の支配人には「できないメニューを作るな！」と呆れられ、バラバラになったかき揚げの山を前に涙をこらえた。

以来、天ぷらは私の鬼門だ。しかしこのままではいけないと思い、専門書を買って自宅で何度も揚げる練習をした。おかげで少しは上手になったと思う。

料理も絵も人生も、失敗は必ずあるし、修練が必要なのもみんな同じだ。よりよくするにはどうしたらいいのかを考え、試してみるところにこそ、それぞれの醍醐味があると思う。クヨクヨせずに、大いに楽しみながら歩いていきたい。

おわりに

以前、読んだ本のなかに、人は扱っている素材に似てくる、という一節があった。なにを言わんとしているかというと、たとえば木を扱う人間は木という素材から学ぶことによって考え方が木のもつ特性に似ていき、石を扱う人間は石に学び石に似ていく、ということであるらしい。

なるほどこの論理でいくと、私は山小屋の厨房で料理を作る仕事をし、扱う食材、すなわち元々は命であったものに触れ、学んでいることになる。表現は少しおかしくなるが、食材のもつ特性、すなわち命のもつ特性に考え方が似てくるといってもよい。私自身、長年薬師沢小屋に勤めた末に、「自分の仕事は死ぬまで生きること」と自覚するようになった背景には、食材という命を生かす仕事に携わってきたことによる影響が大きいように思う。

街のなかで生活しているときと違い、山小屋は生きている命に取り囲まれた環境にある。一つ一つの小さな命、大自然という命のかたまり。当たり前のように日々を過ごしているが、実はこの「命のなかに生きている」という感覚によって、私は食材に対するありがたさとか愛情を、街にいるときよりも強烈に感じているように思う。もちろん山の上ではものが限られるから、という理由もあるだろう。

時に傷む野菜にがんばれと声をかけ、動物に食い散らされた食材に涙しながら、私たちは大切な食材、大切な命を調理し、登山者のみなさんに提供する。登山者のみなさんも一日中、山のなかを歩き、大自然の命を感じ、そして「おいしいね。ありがたいね」とニコニコしながら食事を食べてくださる。こんなにもうれしい仕事があるだろうか。山小屋料理人の仕事はきっと、大自然のなかで命と命をつなげるお手伝いをすることなのだ。

支配人になってからは私が厨房で腕を振るう機会は少なくなったが、薬師沢小屋の料理人の卵たちは着実に成長を続け、みんなでさまざまな工夫を凝らしながら、日々調理に取り組んでいる。晴れの日も雨の日も、暑い日も寒い日も、登山者の笑顔に支えられ、大自然の命に囲まれながら、私たちは今日もみんなの「おいしい」を作るために奮闘している。

やまとけいこ

1974年、愛知県生まれ。山と旅のイラストレーター。高校生で初めて北アルプスに登り、山に魅了される。武蔵野美術大学造形学部油絵学科卒業。在学時はワンダーフォーゲル部に所属。卒業後はイラストレーターと美術造形の仕事をしながら、2003年より黒部源流の薬師沢小屋のほか、富山県の山小屋で働き始める。このころから絵を描きながらの海外一人旅もスタート。20年に長年通い続けた富山県へ移住。21年から薬師沢小屋の支配人を務める。夏は薬師沢小屋で働き、冬は下界で絵を描いたり文章を書いたりする仕事をしている。

黒《くろ》部《べ》源《げん》流《りゅう》
山《やま》小《ご》屋《や》料《りょう》理《り》人《にん》

2025年3月25日　初版第1刷発行
2025年6月25日　初版第4刷発行

著　やまとけいこ

発行人　川崎深雪

発行所　株式会社 山と溪谷社
〒101-0051
東京都千代田区神田神保町1丁目105番地
https://www.yamakei.co.jp/

印刷・製本　株式会社シナノ

校正
與那嶺桂子

ブックデザイン
若井夏澄（tri）

地図製作
株式会社　千秋社

編集
黒尾めぐみ（山と溪谷編集部）

●乱丁・落丁、及び内容に関するお問合せ先
山と溪谷社自動応答サービス
TEL.03-6744-1900
受付時間／11:00～16:00（土日、祝日を除く）
メールもご利用ください。
【乱丁・落丁】service@yamakei.co.jp
【内容】info@yamakei.co.jp

●書店・取次様からのご注文先
山と溪谷社受注センター
TEL.048-458-3455　FAX.048-421-0513

●書店・取次様からのご注文以外のお問合せ先
eigyo@yamakei.co.jp

Printed in Japan
ISBN978-4-635-33084-8